Défiance, doute, incertitude

Quelle place pour la notion de confiance dans les sociétés modernes ?

Droit privé et sciences criminelles

Collection dirigée par Yves Strickler

Créée fin 2011 par Yves Strickler et le Centre d'études et de recherches en droit privé (devenu le Centre d'études et de recherches en droit des procédures en 2013) de la Faculté de droit et science politique de Nice, la présente collection a pour vocation principale de publier des ouvrages en liaison avec le thème retenu pour dénomination de la collection. Cette dernière rassemble des recherches originales, tirées notamment de travaux de recherche, de manifestations scientifiques ainsi que d'ouvrages collectifs sur les interrogations actuelles que rencontre la science juridique, spécialement dans le domaine du droit privé et des sciences criminelles.

Parutions antérieures

L'enfant à l'épreuve de la séparation parentale (dir. Laetitia Antonini-Cochin et Marie-Cécile Lasserre), avril 2019, 126 pp.
Les grands principes des répartitions dans les procédures collectives, Maxence Guastella, mars 2019, 300 pp.
La cession de dette, Jean-Baptiste Bottin, mars 2019, 148 pp.
Déclaration des droits de l'homme et du citoyen. Postérité et actualité (dir. Jimmy Meersman et Rémi Puigventos), février 2019, 238 pp.
Médiation et entreprises. Regards croisés Droit et Gestion (dir. Gulsen Yildirim, Isabelle Sauviat et Romain Dumas), janvier 2019, 142 pp.
La procédure (dir. Joanna Genovese et Giovanna Debernardi), octobre 2018, 138 pages
Techniques de critique d'une décision « définitive ». Imprécision sémantique et pérennité des décisions de justice en procédure civile, Tennessee Caen, juin 2018, 160 pages
Réforme de la prescription pénale (dir Christine Courtin et Jean-Raphaël Demarchi), juin 2018, 154 pages
Droit des sociétés et procédures collectives (dir. Laurence-Caroline Henry), janvier 2018, 207 pages
Le concept d'arbitrage. Regards croisés entre droit et sport (dir. Camille Leroy et Loïc Yboud), décembre 2017, 221 pages
Procédure civile et nouvelles technologies, Delphine de Lorgeril, septembre 2017, 164 pages

Sous la direction de
Julie TRIBOLO

Défiance, doute, incertitude

Quelle place pour la notion de confiance dans les sociétés modernes ?

L'Harmattan

5-7, rue de l'Ecole-Polytechnique, 75005 Paris

http://www.editions-harmattan.fr

ISBN : 978-2-343-18231-5
EAN : 9782343182315

Responsable scientifique

Julie TRIBOLO

Auteurs (ordre alphabétique) :

Jean-Sylvestre BERGÉ, professeur de droit privé et sciences criminelles, membre du Groupe de Recherche en Droit, Economie et Gestion (GREDEG – UMR 7321), Université Côte d'Azur.

Marie-Odile DIEMER, maître de conférences en droit public, membre du CERDACFF (E.A. 7267), Université Côte d'Azur.

Christine GAILHBAUD, maître de conférences en droit privé et sciences criminelles, membre du CERDP (E.A. 1201), Université Côte d'Azur. Avocat au barreau de Grasse.

Xavier LATOUR, professeur de droit public, doyen de la Faculté de droit et science politique de Nice, président de l'IFR *Interaction*, membre du CERDACFF (E.A. 7267), Université Côte d'Azur.

Émilie LEGRIS, docteur en droit public de l'Université Côte d'Azur, membre du Laboratoire de droit international et européen (LADIE – E.A. 7414).

Yves STRICKLER, professeur en droit privé et sciences criminelles, président de l'IFR *Interaction*, membre du CERDP (E.A. 1201), Université Côte d'Azur.

Julie TRIBOLO, maître de conférences en droit public, membre de l'Institut du Droit de la Paix et du Développement (IDPD) et du Laboratoire de droit international et européen (LADIE – E.A. 7414), Université Côte d'Azur.

Sommaire

Avant-propos

Xavier LATOUR et Yves STRICKLER

La confiance ne se décrète pas, elle se gagne et s'entretient.

Plus ou moins selon les époques, le législateur croit utile de rappeler l'importance de la confiance. Dans une sorte de discours d'autojustification, il élabore des textes supposés l'instaurer ou la garantir.

En crise, excessive, perdue ou acquise, la confiance constitue un ressort des relations interpersonnelles et sociales. Elle contribue à cimenter les relations collectives ou, au contraire, à les fragiliser lorsqu'elle peine à s'affirmer. Il n'y a rien de surprenant à ce qu'elle entretienne des liens étroits avec le droit.
Parce qu'elle est applicable à tous les aspects du fonctionnement de la société, la norme doit inspirer confiance. À cette condition, ses destinataires la respectent et l'appliquent. Dans le cas contraire, ils la défient, voire s'en affranchissent, y compris violemment.

Au moins dans les démocraties libérales, le droit organise, cimente, prévient les conflits ou leur apporte une solution. En d'autres termes, il est un instrument de la confiance.
Chacun doit se fier à l'autre, individu, personne morale, institution, ce qui est inhérent à un sentiment, à un climat de confiance.

La richesse de ce thème justifiait pleinement un colloque.

L'Institut Fédératif de Recherche « Interactions » de l'Université Côte d'Azur a relevé le défi de ce sujet intemporel en organisant une journée d'études, qui s'est tenue le 22 mars 2019 à Nice. Conformément à sa mission, cette rencontre interdisciplinaire a permis la confrontation des idées, en transcendant le cloisonnement des domaines propres aux diverses unités de recherches présentes sur le site.

Grâce à Madame Tribolo, maître de conférences, non seulement les réflexions ont été organisées et structurées, mais encore ouvertes vers l'extérieur. Qu'elle en soit sincèrement remerciée. Grâce à elle et aux différents intervenants dont la compétence n'a d'égale que la disponibilité, les sciences juridique et politique ont confirmé leur capacité à concilier la conceptualisation de leurs champs d'études et leur ancrage dans les phénomènes de société.

La richesse des travaux n'épuise certainement pas le sujet. La grandeur de l'Université doit beaucoup à sa capacité à renouveler sans cesse les approches en inscrivant ses recherches dans les pas de celles précédemment conduites. Le pont qui alors se dessine et qui est en perpétuel état de consolidation et d'extension n'est sans doute pas fait de pierres ; mais il relie les personnes et les institutions. Ainsi, sans s'effacer, les anciennes analyses sont vivifiées par les apports des nouvelles.

Nous formons le vœu qu'il en soit de même avec cette thématique.

PREMIÈRE PARTIE

LA CONFIANCE ET LE JUGE

La confiance dans la jurisprudence du Conseil Constitutionnel

Émilie LEGRIS

À l'issue des élections présidentielles de 2017, le pouvoir exécutif s'est prestement attelé au « rétablissement de la confiance dans l'action publique ». Le compte rendu du Conseil des ministres du 14 juin 2017 en communiquait ainsi les enjeux : « *[l]a transparence à l'égard des citoyens, la probité des élus, l'exemplarité de leur comportement constituent des exigences démocratiques fondamentales. Elles contribuent à renforcer le lien qui existe entre les citoyens et leurs représentants, comme elles doivent affermir les fondements du contrat social* »[1].

La confiance désigne « *le sentiment de sécurité d'une personne qui se fie à quelqu'un, à quelque chose* »[2], ou encore « *le sentiment d'assurance, de sécurité qu'inspire au public la stabilité des affaires, de la situation politique* »[3]. Le terme n'apparaît dans aucun texte composant le « bloc de constitutionnalité » : ni dans la Constitution du 4 octobre 1958 et son Préambule, ni dans la Déclaration des droits de l'Homme et du citoyen du 26 août 1789, ni dans le Préambule de la Constitution du 27 octobre 1946, non plus dans la Charte de l'environnement de 2004.
Dans la base de données des décisions rendues par le Conseil Constitutionnel, la recherche du terme « confiance » mène à plus d'une centaine de résultats[4]. L'occurrence apparaît notamment lorsqu'est évoquée l'infraction pénale de l'« abus de confiance »[5],

---

[1] « Rétablissement de la confiance dans l'action publique », *Compte rendu du Conseil des ministres du 14 juin 2017*, disponible ici : https://www.gouvernement.fr/conseil-des-ministres/2017-06-14/retablissement-de-la-confiance-dans-l-action-publique.

[2] *Le Petit Larousse illustré*, Larousse, 2009, p. 234 ; *Le Petit Robert*, Le Robert, 2011, p. 505.

[3] V. notamment le Dictionnaire Larousse en ligne : https://www.larousse.fr/dictionnaires/francais/confiance/18082

[4] *Cf.* https://www.conseil-constitutionnel.fr/recherche/type/decision?text=confiance.

[5] V. par exemple DC n° 2011-218 QPC du 3 février 2012 : M. Cédric S. [condamnation d'un officier de carrière et perte de grade entraînant la cessation d'office de l'état militaire] ; DC n° 2011-132 QPC du 20 mai 2011 : M. Ion C. [incapacité et interdiction d'exploiter un débit de boissons].

ou dans le cadre de références à la « loi sur la confiance dans l'économie numérique »[6].
Plus substantiellement, on observe que le Conseil Constitutionnel attache de l'importance à la « *confiance des citoyens dans le bon déroulement des opérations électorales* »[7], et que les Sages ont eu l'occasion de vérifier la conformité à la Constitution de diverses lois visant à « *restaurer la confiance dans l'action publique* »[8]. Ces premiers résultats invitent d'ores et déjà à questionner la manière dont le Conseil Constitutionnel contribue à garantir la confiance des citoyens dans le fonctionnement de la démocratie représentative.

Cette dernière est consacrée par l'article 3, alinéa 1er de la Constitution de 1958 qui prévoit que : « *[l]a souveraineté nationale appartient au peuple qui l'exerce par ses représentants et par la voie du référendum* ». La notion de démocratie implique en effet de considérer que la souveraineté réside dans le plus grand nombre : elle appartient au peuple. La démocratie représentative signifie que le peuple n'exerce pas lui-même, directement, la souveraineté : il la délègue à des représentants, par le suffrage. Les électeurs français sont appelés aux urnes régulièrement : tous les cinq ans, notamment, dans le cadre des élections nationales organisées au suffrage direct, pour élire le Président de la République et les députés. Les représentants élus se voient confier un mandat représentatif : ils ne peuvent faire l'objet d'une révocation en cours de mandat. Il est alors d'autant plus crucial que les élus se montrent dignes de la légitimité populaire que leur offre le scrutin.
Pour fonctionner sainement, la démocratie représentative doit ainsi garantir la confiance dans les représentants, c'est-à-dire permettre aux citoyens de « *se fier entièrement à eux, sans craindre d'être trompés*

---

[6] V. par exemple DC n° 2004-496 du 10 juin 2004 : Loi pour la confiance dans l'économie numérique ; DC n° 2018-764 QPC du 15 février 2019 : M. Paulo M. [droit de communication aux agents des douanes des données de connexion] ; DC n° 2017-646/647 QPC du 21 juillet 2017 : M. Alexis K. et autres [droit de communication aux enquêteurs de l'AMF des données de connexion].
[7] V. par exemple DC n°2012-155 PDR du 21 juin 2012 : Observations du Conseil Constitutionnel sur l'élection présidentielle des 22 avril et 6 mai 2012.
[8] Voir notamment DC n° 2013-675 du 9 octobre 2013 : Loi organique relative à la transparence de la vie publique ; DC n° 2013-676 du 9 octobre 2013 : Loi relative à la transparence de la vie publique ; DC n° 2017-753 du 8 septembre 2017 : Loi organique pour la confiance dans la vie politique ; DC n° 2017-752 du 8 septembre 2017 : Loi pour la confiance dans la vie politique.

ou mal servis »[9]. La garantie de cette confiance doit, dans un premier temps, être mise en œuvre dans l'acte fondateur et fondamental de la démocratie représentative : le vote, dont il faut assurer la sincérité. Cela est nécessaire, et devrait être suffisant : l'importance de la mission confiée aux élus – exercer la souveraineté nationale que le peuple leur a confiée par le mandat – devrait assurer l'exemplarité de leur comportement. Ce n'est, hélas, pas toujours le cas. La confiance dans la démocratie représentative doit alors être assurée, dans un second temps, en sanctionnant la probité et l'exemplarité des élus dans l'exercice de leurs fonctions.

La France fait le choix de confier à une cour constitutionnelle le soin de contrôler la sincérité des scrutins nationaux et, dans une certaine mesure, l'exemplarité des élus. Créé par la Constitution du 4 octobre 1958, le Conseil Constitutionnel est l'une des innovations institutionnelles de la Vème République. Parmi de multiples attributions[10], le constituant permet à cette juridiction régulatrice du fonctionnement des pouvoirs publics de contrôler la conformité des normes législatives à la Constitution[11]. Le Conseil est également juge électoral (pour les élections présidentielles, législatives et sénatoriales, ainsi que les référendums), veillant à la régularité du scrutin afin que le processus aboutisse à un résultat électoral sincère[12].
Ces fonctions suggèrent que les Sages participent à la préservation de la confiance que les citoyens placent dans la démocratie représentative ; préoccupation politique sans cesse renouvelée.
Durant la dernière campagne présidentielle, « l'affaire Fillon »[13] a contribué à relancer le débat sur la nécessité de « *redonner confiance aux citoyens dans leurs élus et dans la vie démocratique*

---

[9] Dictionnaire Larousse en ligne, *op. cit.*

[10] V. notamment les articles 7, 11, 16, 37, 39, 41, 46, 54, 56 à 63 (Titre VII), 74 et 77 de la Constitution du 4 octobre 1958 et l'ordonnance n° 58-1067 du 7 novembre 1958 portant loi organique sur le Conseil constitutionnel.

[11] Articles 46, 61, 61-1 et 62 de la Constitution du 4 octobre 1958.

[12] Articles 58 à 60 de la Constitution du 4 octobre 1958.

[13] L'« affaire Fillon » prend son origine dans les soupçons d'emplois fictifs de Pénélope Fillon, épouse du candidat à l'élection présidentielle François Fillon (Parti Les Républicains), présentés par l'hebdomadaire *Le Canard Enchaîné* le 25 janvier 2017. L'affaire s'étend à d'autres scandales financiers révélés par la presse, concernant le candidat à l'élection présidentielle et sa famille.

[du] pays »[14]. Dès le début du quinquennat, les pouvoirs exécutif et législatif se sont consacrés à l'élaboration des lois organique et ordinaire du 15 septembre 2017 « pour la confiance dans la vie politique »[15]. Ces lois complètent notamment celles relatives à la transparence de la vie publique, adoptées en 2013[16] sous l'impulsion d'un autre scandale politico-financier, « l'affaire Cahuzac »[17]. Le Conseil Constitutionnel a dû effectuer le contrôle de constitutionnalité de ces lois, dont certaines dispositions lui confèrent de nouvelles prérogatives.

Dans ce cadre, la présente contribution se penche sur la manière dont le Conseil Constitutionnel participe à garantir la confiance des citoyens dans la démocratie représentative, à travers l'examen de son rôle vis-à-vis du dispositif normatif visant à restaurer la confiance dans la vie politique (lois organiques et ordinaires de 2013 et de 2017 précitées). En creux, l'étude permet d'apprécier l'évolution du rôle du Conseil Constitutionnel, dont les fonctions vont désormais bien au-delà de ce qu'avait initialement prévu le constituant. L'analyse contribue en outre à interroger la notion de démocratie

---

[14] « Confiance dans l'action publique », à consulter sur le site du Gouvernement, disponible ici : https://www.gouvernement.fr/action/confiance-dans-l-action-publique.

[15] Loi organique n° 2017-1338 du 15 septembre 2017 pour la confiance dans la vie politique et loi n° 2017-1339 du 15 septembre 2017 pour la confiance dans la vie politique.

[16] Loi organique n° 2013-906 du 11 octobre 2013 relative à la transparence de la vie publique et loi n° 2013-907 du 11 octobre 2013 relative à la transparence de la vie publique. Ces lois s'ajoutent à d'autres, adoptées depuis 2013 : *cf.* notamment la loi organique n° 2013-1115 du 6 décembre 2013 relative au Procureur de la République financier et la loi n° 2013-1117 du 6 décembre 2013 relative à la lutte contre la fraude fiscale et la grande délinquance économique et financière ; la loi n° 2016-483 du 20 avril 2016 relative à la déontologie et aux droits et obligations des fonctionnaires ; ainsi que la loi n° 2016-1691 du 9 décembre 2016 relative à la transparence, à la lutte contre la corruption et à la modernisation de la vie économique – qui s'inscrit dans le prolongement de la loi n° 93-122 du 29 janvier 1993 relative à la prévention de la corruption et à la transparence de la vie économique et des procédures publiques.

[17] « L'affaire Cahuzac » désigne les accusations portées par le site d'actualité Mediapart à l'encontre de Jérôme Cahuzac, ancien ministre du Budget du gouvernement de l'ancien Premier ministre Jean-Marc Ayrault (2012-2013). Jérôme Cahuzac est par la suite condamné pour les faits de fraude fiscale et blanchiment de fraude fiscale dont il était soupçonné.

constitutionnelle, entendue ici comme l'approfondissement de la démocratie par l'activité des cours constitutionnelles[18].

Afin d'éclairer ces aspects, les décisions du Conseil contrôlant la conformité à la Constitution des lois de 2013 et de 2017 seront tout d'abord examinées (I). Dans un second temps, il conviendra d'aborder les nouvelles prérogatives confiées au Conseil Constitutionnel par la loi organique de 2017, lui donnant le pouvoir de sanctionner certains manquements des représentants à ces nouvelles exigences de probité et d'exemplarité (II).

I. La constitutionnalité partielle du dispositif normatif visant à restaurer la confiance dans l'action publique

Conformément à l'article 46, alinéa 5 de la Constitution[19], le Conseil Constitutionnel a contrôlé la conformité à la Constitution des lois organiques n° 2013-906 du 11 octobre 2013 relative à la transparence de la vie publique et n° 2017-1338 du 15 septembre 2017 pour la confiance dans la vie politique. Le Conseil rend deux décisions de non conformité partielle, assorties de réserves et procédant au déclassement organique de certaines dispositions[20]. Saisis, respectivement, par soixante députés et soixante sénateurs et par soixante députés[21], les Sages se sont prononcés sur la conformité à la Constitution des lois ordinaires de 2013 et de 2017 et ont rendu deux décisions de non conformité partielle assorties de réserve[22]. Après une brève présentation du contenu de ces lois (A), nous étudierons quelques aspects des décisions du Conseil Constitutionnel, qui interrogent la conciliation des

---

[18] ROUSSEAU (D.), *Droit du contentieux constitutionnel*, Paris, LGDJ, Coll. « Domat droit public », 10e éd., 2013, pp. 556-562. V. en outre KLEIN (L.), « Démocratie constitutionnelle et constitutionnalisme démocratique : essai de classification des théories juridiques de la démocratie », *Revue française de droit constitutionnel*, 2017-1, pp. 121-141, spéc. pp. 125-133.

[19] « *Les lois organiques ne peuvent être promulguées qu'après la déclaration par le Conseil Constitutionnel de leur conformité à la Constitution* ».

[20] DC n° 2013-675 du 9 octobre 2013 : Loi organique relative à la transparence de la vie publique ; et DC n° 2017-753 du 8 septembre 2017 : Loi organique pour la confiance dans la vie politique.

[21] Conformément à l'article 61, alinéa 2 de la Constitution.

[22] DC n° 2013-676 du 9 octobre 2013 : Loi relative à la transparence de la vie publique ; et DC n° 2017-752 du 8 septembre 2017 : Loi pour la confiance dans la vie politique.

nouvelles exigences de probité et d'exemplarité des représentants avec divers principes ayant valeur constitutionnelle (B).

A. Les nouvelles exigences de probité et d'exemplarité issues des lois de 2013 et de 2017

Les lois organique et ordinaire promulguées le 11 octobre 2013[23] visent à garantir la transparence, dans le but, notamment, de prévenir les conflits d'intérêts. Ceux-ci sont définis par l'article 2 de la loi comme correspondant à « *toute situation d'interférence entre un intérêt public et des intérêts publics ou privés qui est de nature à influencer ou à paraître influencer l'exercice indépendant, impartial et objectif d'une fonction* ». Une nouvelle autorité administrative indépendante, la Haute Autorité pour la transparence de la vie publique (HATVP) est créée, en remplacement de la Commission pour la transparence financière de la vie politique. La HATVP est notamment chargée de recevoir les déclarations de situation patrimoniale[24] et les déclarations d'intérêts[25] des députés et des

---

[23] Texte intégral disponible sur Légifrance aux adresses suivantes :
- https://www.legifrance.gouv.fr/affichTexte.do?cidTexte=JORFTEXT000028056223&dateTexte=&categorieLien=id
- https://www.legifrance.gouv.fr/affichTexte.do?cidTexte=JORFTEXT000028056315&dateTexte=&categorieLien=id

[24] « *[L]a déclaration de situation patrimoniale porte sur les éléments suivants : les immeubles bâtis et non bâtis ; les valeurs mobilières ; les assurances-vie ; les comptes bancaires courants ou d'épargne, les livrets et les autres produits d'épargne ; les biens mobiliers divers d'une valeur supérieure à un montant fixé par voie règlementaire ; les véhicules terrestres à moteur, bateaux et avions ; les fonds de commerce ou clientèles et les charges et offices ; les biens mobiliers, immobiliers et les comptes détenus à l'étranger ; les autres biens ; le passif* » (article 4 alinéa 2 de la loi ordinaire et article 1er alinéa 2 de la loi organique).

[25] « *[L]a déclaration d'intérêts porte sur les éléments suivants : les activités professionnelles donnant lieu à rémunération ou gratification exercées à la date de la nomination/l'élection ; les activités professionnelles ayant donné lieu à rémunération ou gratification exercées au cours des cinq dernières années ; les activités de consultant exercées à la date de la nomination/l'élection et au cours des cinq dernières années ; les participations aux organes dirigeants d'un organisme public ou privé ou d'une société à la date de la nomination/l'élection ou lors des cinq dernières années ; les participations financières directes dans le capital d'une société à la date de la nomination/l'élection ; les fonctions bénévoles susceptibles de faire naître un conflit d'intérêts ; les fonctions et mandats électifs exercés à la date de la nomination/l'élection* » ; « *les noms des collaborateurs parlementaires ainsi que les autres activités professionnelles déclarées par eux ; les*

sénateurs ainsi que des membres du Gouvernement[26], au début et à la fin de leur mandat ou fonction. Ces déclarations ont vocation à être rendues publiques.
En coopération avec l'administration fiscale[27], la HATVP contrôle leur exactitude et les éventuelles variations des situations patrimoniales. Elle dispose à cet égard d'un pouvoir d'enquête et d'injonction. Des peines d'amende et d'emprisonnement sont prévues en cas de non respect des obligations de transmission des déclarations de situation patrimoniale et d'intérêts.
Ainsi que le précisent les observations du Gouvernement communiquées au Conseil Constitutionnel, ces lois n'ont pas « *[s]eulement [pour but] de créer des procédures propres à mieux garantir l'impartialité, la probité et l'objectivité des décideurs publics mais aussi de renforcer la confiance des citoyens dans les institutions. La transparence de ces procédures, qui passe par l'édiction de règles suffisamment claires et précises pour être connues de tous et par le droit reconnu au public de vérifier par lui-même les conditions de mise en œuvre de ces règles, permet à la fois de renforcer l'efficacité des contrôles et de la prévention, et de conforter la confiance des citoyens* »[28].

Les lois organique et ordinaire pour la confiance dans la vie politique ont été promulguées le 15 septembre 2017[29]. Elles ont

---

activités professionnelles ou d'intérêt général, même non rémunérées, que le député envisage de conserver durant l'exercice de son mandat » (article 4, alinéa 3 de la loi ordinaire et article 1er alinéa 3 de la loi organique).

26 Adressent également à la Haute Autorité une déclaration de situation patrimoniale et une déclaration d'intérêts les représentants français au Parlement européen, de nombreux élus locaux, ainsi que, notamment, les membres des cabinets ministériels et les collaborateurs du Président de la République, du Président de l'Assemblée nationale et du Président du Sénat (article 11 de la loi ordinaire).

27 Selon l'article 5, alinéa 1er, de la loi ordinaire : « *La Haute Autorité pour la transparence de la vie publique transmet à l'administration fiscale la déclaration de situation patrimoniale (...). Celle-ci fournit à la Haute Autorité, dans les trente jours suivant cette transmission, tous les éléments lui permettant d'apprécier l'exhaustivité, l'exactitude et la sincérité de la déclaration de situation patrimoniale, notamment les avis d'imposition de l'intéressé à l'impôt sur le revenu et, le cas échéant, à l'impôt de solidarité sur la fortune* ».

28 Décision n° 2013-676 DC du 9 octobre 2013 : Loi relative à la transparence de la vie publique – Observations du Gouvernement, disponibles ici :
https://www.conseil-constitutionnel.fr/les-decisions/decision-n-2013-676-dc-du-9-octobre-2013-observations-du-gouvernement

29 Texte intégral disponible sur Légifrance aux adresses suivantes :
- https://www.legifrance.gouv.fr/eli/loi/2017/9/15/JUSC1715752L/jo/texte

vocation à renforcer les exigences en matière de transparence, d'exemplarité et de probité des élus.
À cette fin, les candidats à l'élection présidentielle sont tenus de remettre au Conseil Constitutionnel non plus seulement une déclaration de patrimoine, mais également une déclaration d'intérêts et d'activités dont il est prévu qu'elle sera publiée sur le site internet de la HATVP au moins quinze jours avant le premier tour de l'élection présidentielle. La Haute Autorité est en outre chargée de publier un avis sur l'évolution du patrimoine du Président de la République entre le début et la fin de son mandat[30].
Les parlementaires, les membres du Gouvernement, les titulaires de fonctions exécutives locales se voient interdire d'employer des membres de leur famille proche[31]. Les frais de mandat des parlementaires ne peuvent être remboursés que sur présentation de justificatifs[32], et la « réserve parlementaire »[33] est supprimée. Les députés et les sénateurs doivent également justifier d'avoir respecté leurs obligations fiscales au début de leur mandat[34].

- https://www.legifrance.gouv.fr/eli/loi/2017/9/15/JUSC1715753L/jo/texte

[30] V. notamment l'article 1er de la loi organique.

[31] V. notamment les articles 11 à 19 de la loi ordinaire. Les parlementaires, membres du Gouvernement et titulaires de fonctions exécutives locales ne peuvent employer comme collaborateur parlementaire ou membre de leur cabinet aucune personne de leur « *premier cercle familial* », c'est-à-dire leur conjoint (y compris le partenaire pacsé ou concubin), leurs parents ou beaux-parents, leurs enfants ou beaux-enfants. L'emploi d'une personne du « *second cercle familial* » (frères, sœurs, beaux-frères, belles-sœurs, neveux, nièces, ex-conjoint, etc.), ainsi que les « *emplois croisés* » (membre d'un cabinet ministériel ayant un lien familial avec un autre membre du gouvernement ou collaborateurs parlementaires ayant un lien familial avec un député ou un sénateur) doivent être déclarés (par les ministres et titulaires de fonctions exécutives locales, à la HATVP ; par les parlementaires, au bureau de leur assemblée). Il peut leur être enjoint de faire cesser cette situation. Cela complète les restrictions déjà édictées par les lois de 2013 (pour approfondir cet aspect, voyez notamment LENOIR (N.), « La déontologie parlementaire à l'aune de la jurisprudence du Conseil constitutionnel », *Constitutions*, 2014-1, pp. 7-16).

[32] V. notamment l'article 20 de la loi ordinaire.

[33] V. notamment l'article 14 de la loi organique. La pratique coutumière de la réserve parlementaire consistait à ouvrir annuellement des crédits dans la loi de finances, par voie d'amendements du gouvernement sur proposition des parlementaires, afin de subventionner les projets d'investissement des collectivités locales ou les actions associatives. La réserve parlementaire faisait l'objet de critiques liées à l'opacité du mécanisme et au « clientélisme » qui en résultait.

[34] V. notamment l'article 4 de la loi organique.

Une peine complémentaire obligatoire d'inéligibilité est par ailleurs créée. Le juge pénal la prononce, pour dix ans maximum, à l'encontre de toute personne coupable d'un crime ou de certains délits constitutifs d'atteinte à la probité (détournements de biens, fraude électorale, fraude fiscale aggravée, etc.) ou constitutifs de violences sexuelles et sexistes (agressions sexuelles, harcèlement sexuel ou moral)[35] – ou autres discriminations.
Ces lois contiennent également de nouvelles mesures de prévention des conflits d'intérêts[36] : la possibilité pour un parlementaire d'exercer une activité de conseil est restreinte[37] ; les parlementaires ne peuvent exercer une activité de représentant d'intérêts (« *lobbying* »), les collaborateurs parlementaires ou de l'exécutif ne peuvent percevoir aucune rémunération émanant de représentants d'intérêts.
Enfin, le financement de la vie politique (partis politiques et campagnes électorales) fait l'objet d'une réglementation plus stricte[38].

Le contrôle de constitutionnalité de ces lois a abouti à des décisions de non conformité partielle assorties de réserves, qui soulèvent des interrogations quant à la manière de concilier ces nouvelles exigences de probité et d'exemplarité avec divers principes ayant valeur constitutionnelle.

B. La conciliation de ces exigences avec les principes ayant valeur constitutionnelle

Le Conseil Constitutionnel a analysé la conciliation des lois de 2013 et de 2017 avec les principes de la séparation des pouvoirs et de l'égalité du suffrage (1), du respect de la vie privée et de la liberté d'expression et de communication (2)[39].

---

[35] V. notamment l'article 1er de la loi ordinaire.

[36] V. notamment les articles 6 à 13 de la loi organique.

[37] Notamment, les députés et sénateurs ne peuvent commencer à exercer une activité de conseil qu'ils n'exerçaient pas avant le début de leur mandat – y compris dans le cadre d'une profession libérale règlementée – ni poursuivre une activité de conseil débutée moins d'un an avant le début de leur mandat, ni acquérir le contrôle d'une société de conseil (ou le conserver s'il a été acquis moins d'un an avant le début du mandat), ni fournir des prestations de conseil à des entités travaillant essentiellement pour des personnes publiques.

[38] V. notamment les articles 25 à 30 de la loi ordinaire.

[39] Pour approfondir – notamment d'autres aspects de ces décisions, v. GHÉVONTIAN (R.), « Une validation trompeuse », *in Jurisprudence du Conseil*

En outre, pour assurer le respect du principe de séparation des pouvoirs, le Conseil Constitutionnel valide la suppression de la réserve parlementaire, « *qui revient pour le Gouvernement à lier sa compétence en matière d'exécution budgétaire* » (puisqu'il s'agit, pour le Gouvernement, d'amender la loi de finances sur proposition des parlementaires)[43]. Les dispositions tendant à supprimer la pratique de la « réserve ministérielle », qui permet au Gouvernement « *d'attribuer des subventions aux collectivités territoriales et à leurs groupements* » sont censurées au nom de la protection du même principe[44].

2. *La conciliation des lois de 2013 et de 2017 avec les libertés individuelles fondamentales*

Le respect de la vie privée. Le Conseil Constitutionnel a jugé conformes à la Constitution les dispositions de la loi organique de 2017 qui imposent aux candidats à l'élection présidentielle de lui remettre une déclaration d'intérêts et d'activités, qui sera rendue publique au moins 15 jours avant le premier tour de l'élection présidentielle. Le raisonnement du Conseil est le suivant : le droit au respect de la vie privée a valeur constitutionnelle[45]. Les déclarations de situation patrimoniale, d'intérêts et d'activités, ainsi que la publicité de celles-ci y portent atteinte car ces déclarations contiennent des « *données à caractère personnel relevant de la vie privée* ». Le Conseil estime toutefois que l'atteinte portée à la vie privée est conforme à la Constitution, car « *justifiée par un motif d'intérêt général et mise en œuvre de manière adéquate et proportionnée à cet*

---

démissionner ; et aux élus locaux, en vertu du principe de libre administration des collectivités territoriales garanti par l'article 72 de la Constitution (ainsi qu'en vertu de l'article 34 de la Constitution qui réserve au législateur la compétence pour définir le régime d'incompatibilité des élus). V. à cet égard le commentaire des décisions n° 2013-675 DC et 2013-676 DC du 9 octobre 2013, pp. 29-32 (disponible sur le site du Conseil Constitutionnel) ; v. également DC n° 2017-753 du 8 septembre 2017 : Loi organique pour la confiance dans la vie politique, § 32.

[43] DC n° 2017-753 du 8 septembre 2017 : Loi organique pour la confiance dans la vie politique, §§ 43-50. V. à cet égard le commentaire des décisions n° 2017-752 DC et 2017-753 DC du 8 septembre 2017, pp. 30-35.

[44] DC n° 2017-753 du 8 septembre 2017 : Loi organique pour la confiance dans la vie politique, §§ 51-52.

[45] V. notamment DC n° 2012-652 du 22 mars 2012 : Loi relative à la protection de l'identité, § 8.

objectif ». En l'occurrence, ces déclarations répondent à un motif d'intérêt général car elles ont « *pour objectif d'éclairer le choix des électeurs, de renforcer les garanties de probité et d'intégrité de ces candidats, de prévenir et de lutter contre les conflits d'intérêts* ». Elles sont adéquates et proportionnées à l'objectif poursuivi compte tenu de la « *place du Président de la République dans les institutions et de la nature particulière de son élection* »[46]. Ainsi, dans ses décisions de 2013, le Conseil Constitutionnel avait estimé que l'obligation de déclarer les activités professionnelles des parents et enfants, qui incombait aux personnes tenues de déposer leurs déclarations de situation patrimoniale et d'intérêts, portait une atteinte excessive à la vie privée de ces personnes[47]. Il en va de même pour l'obligation de publicité des déclarations de situation patrimoniale de certains élus locaux[48].

Pour atteinte au respect de la vie privée, les Sages ont également censuré les dispositions législatives qui autorisaient la HATVP à communiquer à l'administration fiscale des données de connexion incluant notamment les identifiants des interlocuteurs de la personne visée, ainsi que les date, durée et localisation des communications[49].

Le respect de la liberté d'expression et de communication. L'article 1er de la loi ordinaire pour la confiance dans la vie politique institue une peine complémentaire obligatoire d'inéligibilité pour les personnes déclarées coupables de crime ou de certains délits. Le Conseil déclare cet article conforme à la Constitution : une telle sanction est proportionnée à l'objectif du législateur ; ces dispositions législatives ne sont pas de nature à porter atteinte au principe de légalité des délits et des peines, ni au principe d'individualisation des

---

46 DC n° 2017-753 du 8 septembre 2017 : Loi organique pour la confiance dans la vie politique, §§ 4-6. V. également le commentaire des décisions n° 2017-752 DC et 2017-753 DC du 8 septembre 2017, pp. 19-22.

47 DC n° 2013-675 du 9 octobre 2013 : Loi organique relative à la transparence de la vie publique, § 29 et DC n° 2013-676 du 9 octobre 2013 : Loi relative à la transparence de la vie publique, § 15.

48 Sont visés les « *élus d'établissements publics et de collectivités territoriales qui règlent les affaires de leur compétence par des conseils élus* » (DC n° 2013-676 du 9 octobre 2013 : Loi relative à la transparence de la vie publique, § 20) ; ainsi que les « *personnes qui n'exercent pas de fonctions électives ou ministérielles mais des responsabilités de nature administrative* » (*ibid.*, § 22).

49 DC n° 2017-752 du 8 septembre 2017 : Loi pour la confiance dans la vie politique, §§ 81-84.

peines, dans la mesure où le juge peut moduler la peine[50]. Le Conseil censure en revanche les dispositions de la loi qui prévoyaient que la peine complémentaire obligatoire d'inéligibilité devait être prononcée à l'encontre des personnes condamnées pour certains délits de presse. Les délits visés correspondaient, notamment, à l'apologie des crimes de génocide, crime contre l'humanité ou crimes de guerre, au négationnisme ou encore à l'incitation à la haine raciale. Pour le Conseil Constitutionnel, ces dispositions portaient une « *atteinte disproportionnée à la liberté d'expression et de communication* » dont l'exercice est une « *condition de la démocratie* » qui « *revêt une importance particulière dans le débat politique et dans les campagnes électorales* »[51]. On s'étonnera de cette appréciation considérant la teneur des délits visés ; c'est toutefois le critère de la proportionnalité de la peine qui a été déterminant en l'espèce. Comme le souligne le commentaire de la décision,

« *[s]'il n'en résulte évidemment pas l'interdiction de sanctionner des abus dans l'exercice de [la liberté d'expression], il importe que cette répression ne soit pas disproportionnée. En l'espèce, en édictant une peine qui, sauf exception (...), devait être prononcée à titre obligatoire en cas de condamnation pour certains délits de presse, le législateur n'avait pas respecté cette exigence de proportionnalité* »[52].

Les lois de 2013 et de 2017 conduisent ainsi à renforcer la confiance des citoyens dans la vie politique – notamment grâce à l'institution de la HATVP et aux missions qui lui sont dévolues. Ce dispositif législatif permet en outre d'accroître les missions du Conseil Constitutionnel. Le rôle du Conseil comme « juge électoral » est renforcé, notamment car les futurs candidats à l'élection présidentielle devront lui soumettre une déclaration d'intérêts et d'activités en plus de la déclaration de situation patrimoniale. Également et surtout, le Conseil se voit confier une mission de sanction à l'égard des parlementaires qui n'auraient pas respecté leurs obligations fiscales. En effet, un parlementaire qui aurait manqué à ses obligations fiscales et qui n'aurait pas régularisé sa situation à cet égard peut être, en fonction de la gravité du manquement, déclaré

[50] *Ibid.*, §§ 4-10.
[51] *Ibid.*, §§ 11-13.
[52] Commentaire des décisions n° 2017-752 DC et 2017-753 DC du 8 septembre 2017, pp. 6-7, spéc. p. 7.

inéligible à toutes les élections pendant trois ans maximum et démissionnaire d'office de son mandat.

II. Le Conseil Constitutionnel, juge des parlementaires n'ayant pas respecté leurs obligations fiscales

L'article 4 de la loi organique pour la confiance dans la vie politique met en place une procédure de contrôle de la régularité de la situation fiscale des parlementaires (A), qui peut conduire le Conseil Constitutionnel à déclarer un parlementaire inéligible et démissionnaire d'office de son mandat (B).

A. La procédure prévue par l'article 4 de la loi organique pour la confiance dans la vie politique

L'article 4 de la loi organique pour la confiance dans la vie politique modifie plusieurs articles du Code électoral[53] et insère dans ce dernier un article LO 136-4 qui se lit comme suit :

« *I- Dans le mois suivant la date d'entrée en fonction d'un député, l'administration fiscale lui transmet une attestation constatant s'il a satisfait ou non, en l'état des informations dont elle dispose et à cette date, aux obligations de déclaration et de paiement des impôts dont il est redevable. Cette attestation ne constitue pas une prise de position formelle de l'administration fiscale sur la situation fiscale du député*[54]. *Est réputé satisfaire à ces obligations de paiement le député qui a, en l'absence de toute mesure d'exécution du comptable, acquitté ses impôts ou constitué des garanties jugées suffisantes par le comptable ou, à défaut, conclu un accord contraignant avec le comptable en vue de payer ses impôts, ainsi que les*

---

[53] LO 128 ; LO 176 ; LO 178 et LO 319 (accessibles à l'adresse : https://www.legifrance.gouv.fr/eli/loi/2017/9/15/JUSC1715752L/jo/texte).

[54] En effet, « *la production d'une attestation positive par l'administration ne privera pas cette dernière de la possibilité de contrôler ultérieurement les années d'impositions concernées par l'attestation. (...) [L]a délivrance de l'attestation reposera sur un simple constat de l'état des déclarations et des paiements de l'élu. Le dispositif ne consiste en aucun cas à faire un contrôle fiscal de l'élu dans le mois suivant l'élection. Il s'agit d'une vérification limitée au constat que l'élu a déposé les déclarations d'impôts qu'il devrait déposer et qu'il a payé ses dettes fiscales connues par l'administration à cette date* » (étude d'impact sur le projet de loi organique rétablissant la confiance dans l'action publique, 14 juin 2017, p. 16 ; cité par le commentaire de la décision n° 2018-1 OF du 6 juillet 2018, p. 2).

éventuels intérêts échus, pénalités, majorations ou amendes, à condition qu'il respecte cet accord.

Lorsque l'attestation fait état d'une non-conformité, le député est invité, dans un délai d'un mois à compter de la réception de cette invitation, à se mettre en conformité ou à contester cette appréciation. Au terme de ce délai, l'administration fiscale transmet l'attestation au bureau de l'Assemblée nationale et l'informe également, le cas échéant, de l'existence d'une contestation.

II- Dans le mois suivant une décision administrative ou juridictionnelle devenue définitive faisant état d'un manquement du député aux obligations mentionnées au I, l'administration fiscale lui transmet une nouvelle attestation et l'invite à se mettre en conformité dans un délai d'un mois suivant la réception de cette invitation. Au terme de ce délai, l'administration fiscale transmet l'attestation au bureau de l'Assemblée nationale.

III- Toute transmission d'attestation au député sur le fondement des I et II donne lieu à l'envoi d'une copie à l'organe chargé de la déontologie parlementaire de l'Assemblée nationale.

IV- Lorsqu'il constate une absence de mise en conformité et de contestation, le bureau de l'Assemblée nationale saisit le Conseil Constitutionnel qui peut, en fonction de la gravité du manquement, déclarer le député inéligible à toutes les élections pour une durée maximale de trois ans et démissionnaire d'office de son mandat par la même décision »[55].

Conformément à l'article 19 de la loi organique, les dispositions de cet article sont applicables aux membres de l'Assemblée nationale depuis la date de publication de la loi au Journal officiel (le 16 septembre 2017) et applicables aux membres du Sénat depuis le 2 octobre 2017.

Cette procédure s'ajoute aux modifications apportées au Code électoral par la loi organique n° 2013-906 du 11 octobre 2013 relative à la transparence de la vie publique, en vertu de laquelle les députés et les sénateurs doivent adresser une déclaration de situation patrimoniale à la HATVP. Cette dernière contrôle avec l'aide de l'administration fiscale l'exactitude d'une telle déclaration ; cela n'équivaut cependant pas à un contrôle de la régularité de la situation

[55] L'article 31 de la loi ordinaire de 2017 prévoit une procédure semblable visant au contrôle de la régularité de la situation fiscale des représentants français au Parlement européen. Le cas échéant, c'est le Conseil d'État – et non le Conseil Constitutionnel – qui prononce la sanction.

fiscale des membres du Parlement[56]. Un tel contrôle est donc prévu par la loi organique de 2017, selon une procédure comportant plusieurs phases :

- Une première phase de vérification, dans laquelle l'administration fiscale va, dans un délai d'un mois[57], procéder à la vérification de la situation fiscale des députés et des sénateurs, et leur transmettre une attestation en ce sens.
- Si l'attestation fait état d'une conformité, la procédure s'arrête ici. Si, en revanche, une non-conformité est constatée, une deuxième phase, de mise en conformité, s'ouvre : dans un délai d'un mois, le parlementaire doit régulariser sa situation fiscale ou contester l'attestation de non-conformité par le biais d'un recours administratif ou juridictionnel. Au terme de ce délai, l'administration fiscale transmet au bureau de l'assemblée compétente une nouvelle attestation – elle l'informe, le cas échéant, de l'existence d'une contestation. La contestation interrompt la procédure devant l'Assemblée nationale jusqu'au rendu d'une décision (administrative ou juridictionnelle) définitive. Dans le délai d'un mois suivant le rendu d'une telle décision constatant le manquement du parlementaire à ses obligations fiscales, une nouvelle attestation est transmise, invitant ce dernier à se mettre en conformité dans un délai d'un mois.
- Au terme de ce délai, s'ouvre une troisième phase, d'instruction par le bureau[58] et de saisine du Conseil Constitutionnel : l'administration fiscale transmet une nouvelle attestation au bureau de l'assemblée. Si ladite attestation fait état d'une non-conformité, le bureau saisit le Conseil Constitutionnel.
- Dans le cadre d'une quatrième phase de jugement, le Conseil Constitutionnel « *peut, en fonction de la gravité du manquement,*

---

[56] Les membres du Gouvernement faisant, en revanche, l'objet d'une telle vérification en vertu de l'article 9 de la loi (ordinaire) du 11 octobre 2013 relative à la transparence de la vie publique.

[57] Initialement et de manière transitoire, l'administration fiscale disposait de trois mois à compter de la promulgation de la loi (article 19 de la loi organique du 15 septembre 2017).

[58] Le bureau de l'Assemblée ne peut apprécier l'opportunité de saisir le Conseil Constitutionnel : ses pouvoirs « *se bornent donc à constater que l'élu se trouve bien dans la situation décrite par l'attestation délivrée par l'administration fiscale, à savoir qu'il ne s'est pas mis en conformité avec ses obligations fiscales et qu'il n'y a pas de contestation en cours. (...) Si ces conditions sont remplies, le bureau (...) doit saisir le Conseil Constitutionnel* » (commentaire de la décision n° 2018-1 OF du 6 juillet 2018, pp. 3-4).

déclarer le député inéligible à toutes les élections pour une durée maximale de trois ans et démissionnaire d'office de son mandat par la même décision »[59].

Dans sa décision DC n° 2017-753, le Conseil Constitutionnel déclare cet article conforme à la Constitution. En effet, l'article 25 de celle-ci confère au législateur organique compétence pour déterminer les règles relatives aux conditions d'éligibilité et aux inéligibilités des membres du Parlement. Le contrôle de la régularité de leur situation fiscale lors de leur entrée en fonctions en relève. Les Sages estiment que la sanction (démission d'office et inéligibilité pour une durée maximale de trois ans), pouvant être prononcée à l'encontre d'un membre du Parlement qui n'aurait pas satisfait à ses obligations fiscales et n'aurait pas régularisé cette situation à l'issue de la procédure contradictoire prévue cette disposition, n'est pas « *manifestement disproportionnée* ». En outre, le texte prévoit que le Conseil Constitutionnel, saisi le cas échéant par le bureau d'une assemblée, « *a la faculté de prononcer la sanction, en fonction de la gravité du manquement* ». Il incombe alors aux Sages de « *tenir compte, dans le prononcé de l'inéligibilité, des circonstances de l'espèce* ». Pour ces raisons, le Conseil Constitutionnel estime que ces dispositions sont conformes à la Constitution : elles ne sont pas de nature à heurter les principes de proportionnalité et d'individualisation des peines, garantis par l'article 8 de la Déclaration des droits de l'Homme et du citoyen du 26 août 1789[60], dont l'application est pertinente en l'espèce car ces principes « *ne concernent pas seulement les peines prononcées par les juridictions pénales mais s'étendent à toute sanction ayant le caractère d'une punition* »[61].

---

[59] Les articles LO 176 ; LO 178 et LO 319 du Code électoral modifiés par l'article 4 de la loi organique prévoient qu'en cas démission d'office du député ou du sénateur élu au scrutin majoritaire, une élection partielle est organisée afin de pourvoir le siège vacant.

[60] Aux termes de cette disposition : « *[l]a loi ne doit établir que des peines strictement et évidemment nécessaires, et nul ne peut être puni qu'en vertu d'une loi établie et promulguée antérieurement au délit, et légalement appliquée* ».

[61] DC n° 2017-753 du 8 septembre 2017 : Loi organique pour la confiance dans la vie politique, §§ 15-19. En contrôlant la conformité du régime des inéligibilités-sanctions à l'article 8 de la Déclaration de 1789, le Conseil Constitutionnel ne s'écarte pas de sa jurisprudence : v. notamment DC n° 2011-117 QPC du 8 avril 2011 : M. Jean-Paul H. [financement des campagnes électorales et inéligibilité], § 11 ; et DC n° 2013-667 du 16 mai 2013 : Loi relative à l'élection des conseillers

Ces nouvelles prérogatives confiées au Conseil Constitutionnel renforcent, et dans une certaine mesure, transforment son rôle : dans le cadre de ses fonctions de juge électoral, le Conseil Constitutionnel était déjà habilité à sanctionner les inéligibilités ou les incompatibilités de mandat des parlementaires, ou encore à sanctionner les manquements de ceux-ci à leurs obligations de déclaration à la HATVP. Dans ce cadre, les Sages ne disposent cependant pas d'une marge d'appréciation et doivent se borner à constater ou non l'existence d'une condition d'inéligibilité, et en tirer les conséquences. L'article 4 de la loi organique du 15 septembre 2017 offre désormais au Conseil Constitutionnel la possibilité de déterminer l'étendue de la sanction « *en fonction de la gravité du manquement* ». Cela fait du Conseil un « juge des personnes », dans le cadre d'une fonction répressive qui le place en garant des exigences de probité et de sincérité fiscales imposées aux parlementaires.

Dans le cadre de ce nouveau type de contentieux, le Conseil Constitutionnel n'a connu pour l'instant que d'une seule affaire, à l'occasion de laquelle il prononce une décision d'inéligibilité et de démission d'office à l'encontre du député de La Réunion, M. Thierry Robert[62].

B. La décision d'inéligibilité et de démission d'office du 6 juillet 2018

Le Conseil Constitutionnel avait été saisi de l'affaire concernant la situation fiscale de M. Thierry Robert – élu député de La Réunion aux élections législatives de juin 2017 – le 20 avril 2018, par le Président de l'Assemblée nationale, au nom du Bureau de l'Assemblée.
Dans sa décision, le Conseil fait état de la procédure de contrôle de la régularité de la situation fiscale des députés, instaurée par l'article 4 de la loi organique du 15 septembre 2017, pouvant aboutir à sa saisine. Le Conseil rappelle en outre que la procédure s'applique aux députés dont le mandat est en cours[63].

---

départementaux, des conseillers municipaux et des conseillers communautaires, et modifiant le calendrier électoral, § 27 ; ainsi que le commentaire des décisions n° 2017-752 DC et 2017-753 DC du 8 septembre 2017, pp. 23-26.

[62] Décision n° 2018-1 OF du 6 juillet 2018 : situation de M. Thierry Robert au regard du respect de ses obligations fiscales.

[63] *Ibid.*, §§ 1-3.

Sur les faits de l'espèce, les Sages relèvent que le 8 décembre 2017, l'administration fiscale a adressé au député « *une attestation constatant qu'il n'avait pas satisfait à l'ensemble de ses obligations de déclaration et de paiement de l'impôt à la date [de son entrée en fonctions, le] 16 septembre 2017 et l'invitant à se mettre en conformité avec ses obligations* ». Une seconde attestation en ce sens a été adressée au député le 31 janvier 2018[64].
Le Conseil Constitutionnel en conclut que le député, « *qui n'a pas contesté les attestations qui lui ont été notifiées par l'administration fiscale, n'avait pas [dans le délai, en l'espèce au 29 janvier 2018] acquitté ses impôts, ni constitué des garanties suffisantes, ni conclu un accord contraignant en vue de payer ses impôts* »[65]. Tenant compte « *de l'importance des sommes dues et de l'ancienneté de sa dette fiscale qui porte sur plusieurs années et sur plusieurs impôts* »[66], et malgré le fait que le député « *a partiellement régularisé sa situation fiscale avant l'échéance du délai qui lui était laissé à cette fin et en totalité postérieurement à ce délai* »[67], le Conseil prononce la sanction maximale : une inéligibilité du député à tout mandat pour une durée de trois ans à compter de la décision, et « *par suite* » sa démission d'office.

Le Conseil confirme, par cette décision, son aptitude à se placer en garant de la probité et de l'exemplarité, en matière fiscale, des parlementaires. Cette décision pionnière – et pour l'heure unique dans le cadre de ce contentieux – offre plusieurs éclairages sur la mise en œuvre de la procédure.
Tout d'abord, la décision confirme que la date à laquelle doit être appréciée la régularité de la situation fiscale du parlementaire est la date de prise de fonction de ce dernier. Comme la loi organique le prévoit, cela inclut toutefois la possibilité d'une régularisation de cette situation dans un délai d'un mois après réception d'une attestation de non-conformité, ou dans un délai d'un mois à l'issue de la procédure résultant d'une contestation auprès de l'administration fiscale ou d'un juge, en cas d'attestation de non-conformité. En effet, la condition

---

[64] *Ibid.*, § 4.
[65] *Ibid.*, § 5.
[66] *Ibid.*, § 6.
[67] *Id.*

d'éligibilité applicable aux parlementaires édictée par l'article 4 de la loi organique est :

« *[u]ne condition d'éligibilité particulière : si elle doit être respectée à la date de la prise de fonction de l'élu, le constat de ce respect ne peut en être dressé qu'ultérieurement et elle est susceptible de régularisation dans un délai d'un mois. Pour autant, le choix fait par le législateur organique a été de considérer que le fait de ne pas être en règle vis-à-vis de sa situation fiscale "disqualifie" l'élu, qui n'aurait pas dû participer à la compétition électorale. Ce choix commande d'apprécier le respect de cette condition au plus près de l'élection. D'ailleurs, le législateur organique a pris soin de préciser que l'attestation délivrée par l'administration fiscale porte sur la situation de l'élu le jour de sa prise de fonction. En outre, ce contrôle n'intervient qu'une seule fois par mandat : il ne s'agit pas d'apprécier la situation fiscale de l'élu tout au long de son mandat. C'est donc bien sa situation antérieure à son élection qui est déterminante et il n'y a pas lieu de prendre en compte sa situation ultérieure, sous réserve du délai ouvert pour la régularisation* »[68].

Ensuite, la décision apporte également des précisions sur le critère de « *gravité du manquement* » en fonction duquel le Conseil Constitutionnel peut moduler la sanction : la gravité du manquement s'apprécie, notamment, en fonction de l'importance des sommes dues, de l'ancienneté et de l'objet de la dette fiscale.
Enfin, en déclarant démissionnaire d'office le député « *par suite* » de la prononciation de son inéligibilité, les Sages ont « *entendu marquer que l'inéligibilité entraîne nécessairement la démission d'office du mandat parlementaire* »[69].

---

[68] Commentaire de la décision n° 2018-1 OF du 6 juillet 2018, p. 7. Il faut également noter que « *[c]ette interprétation est, de surcroît, cohérente avec les autres inéligibilités susceptibles d'être prononcées en raison de la méconnaissance de certaines formalités requises en début de mandat, comme celle relative au défaut de dépôt de la déclaration de situation patrimoniale ou de la déclaration d'intérêts et d'activités (qui entraîne, en application de l'article L.O. 136-2 du code électoral, l'inéligibilité de l'élu et sa démission d'office prononcées par le Conseil constitutionnel sur saisine de la Haute Autorité pour la transparence de la vie publique). Enfin, une lecture a contrario du délai d'un mois instauré par le législateur organique pour permettre au député de régulariser sa situation conduisait également à exclure toute prise en compte, pour apprécier l'existence du manquement, d'une régularisation plus tardive* » (*id.*)
[69] *Ibid.*, p. 8.

* * *

À la fois remède affiché et symptôme révélé des difficultés de la démocratie représentative, le rétablissement de la confiance des citoyens dans la vie politique et dans l'action publique est désormais une préoccupation politique récurrente – voire latente. Le législateur a tenté d'apporter de multiples solutions à cette « crise de la confiance », notamment par le biais des lois organique et ordinaire du 11 octobre 2013 relatives à la transparence et la vie publique et des lois organique et ordinaire du 15 septembre 2017 pour la confiance dans la vie politique. Ce dispositif législatif se concentre tout particulièrement sur les moyens de garantir l'exemplarité des responsables publics, qui « *est une condition de la confiance des citoyens dans les institutions démocratiques et l'État de droit* »[70]. Le Conseil Constitutionnel a contribué à ce processus, de manière classique d'une part, en contrôlant la conformité à la Constitution des lois de 2013 et de 2017, et en précisant dans quelle mesure leurs dispositions doivent se concilier avec divers principes ayant valeur constitutionnelle. De manière novatrice d'autre part, en assurant les nouvelles fonctions qui lui sont dévolues par l'article 4 de la loi organique du 15 septembre 2017. Parmi les solutions législatives apportées figure en effet un renforcement de la démocratie constitutionnelle : le Conseil Constitutionnel a désormais la possibilité de contribuer au contrôle de la régularité de la situation fiscale des parlementaires et, le cas échéant, de prononcer à leur encontre une sanction d'inéligibilité et de démission d'office. Dans ce cadre, il est possible de s'attendre au développement d'une jurisprudence étoffée sur la confiance des citoyens dans la vie politique.

---

[70] DREYFUS (J.-D), « Liberté, égalité, fraternité, probité », *op. cit.*, p. 2.

La confiance mutuelle dans l'espace européen de coopération judiciaire : questionnement sur le sens de la libre circulation des décisions de justice

Jean-Sylvestre BERGÉ

En droit de l'Union européenne, la confiance mutuelle, que l'on désigne également parfois par l'expression « confiance réciproque »[1], apparaît comme une notion sous-jacente à la reconnaissance mutuelle[2]. Plus exactement, les mécanismes et doctrines de reconnaissance mutuelle en matière de Marché intérieur (par exemple, reconnaissance mutuelle des autorisations de mise sur le marché, des diplômes et qualifications) et d'Espace de liberté, de sécurité et de justice (reconnaissance mutuelle dans tous les processus de coopération entre les autorités nationales des États membres) postulent une confiance « mutuelle » entre les acteurs amenés à travailler ensemble sur un certain nombre de sujets.

L'assertion peut être aisément vérifiée en droit européen de la coopération judiciaire civile et pénale.

I. La « confiance mutuelle » et les mécanismes de reconnaissance mutuelle définis en matière de coopération judiciaire civile et pénale

Dans le domaine de la coopération judiciaire, la confiance mutuelle occupe une place déterminante dans tous les instruments adoptés en la matière.
Sans prétendre à l'exhaustivité, on peut citer à titre d'illustrations, deux instruments phares de la coopération judiciaire civile et pénale.

---

[1] En droit européen de la coopération judiciaire, on trouve les deux expressions. Nous ne chercherons pas ici à les distinguer et les tiendrons en conséquence pour équivalentes.

[2] Le thème a fait l'objet d'une littérature considérable. On se contentera ici de mentionner deux monographies transversales relativement récentes : JANSSENS (C.), *The Principle of Mutual Recognition in EU Law*, OUP, 2013 ; VAN BALLEGOOIJ (W.), *The Nature of Mutual Recognition in European Law*, Intersentia, 2015.

Au titre du volet civil, on songe au Règlement n° 1215/2012 du Parlement européen et du Conseil du 12 décembre 2012 concernant la compétence judiciaire, la reconnaissance et l'exécution des décisions en matière civile et commerciale[3]. Le texte précise, en effet, dans l'un de ses motifs que :

« *La confiance réciproque dans l'administration de la justice au sein de l'Union justifie le principe selon lequel les décisions rendues dans un État membre devraient être reconnues dans tous les États membres sans qu'une procédure spéciale ne soit nécessaire. En outre, la volonté de réduire la durée et les coûts des litiges transfrontières justifie la suppression de la déclaration constatant la force exécutoire préalable à l'exécution dans l'État membre requis. En conséquence, toute décision rendue par les juridictions d'un État membre devrait être traitée comme si elle avait été rendue dans l'État membre requis* » (motif n° 26).

Sur le volet pénal, il est permis de mentionner la Décision-cadre n° 2002/584 du Conseil du 13 juin 2002 relative au mandat d'arrêt européen et aux procédures de remise entre États membres[4]. La motivation du dispositif de reconnaissance mutuelle instauré par cet instrument phare de la coopération judiciaire pénale européenne est ainsi libellée :

« *Le mécanisme du mandat d'arrêt européen repose sur un degré de confiance élevé entre les États membres. La mise en œuvre de celui-ci ne peut être suspendue qu'en cas de violation grave et persistante par un des États membres des principes énoncés [par le] traité sur l'Union européenne (...)* » (motif n° 10).

De manière plus ample, on sait également que la confiance mutuelle a fait une entrée remarquée dans la présentation des fondements du système juridique de l'UE. Dans son célèbre avis 2/13

---

[3] Pour une analyse approfondie de cet instrument, voir avec les nombreuses références citées, GAUDEMET-TALLON (H.) ET ANCEL (M.-E.), *Compétence et exécution des jugements en Europe*, 6ème éd., LGDJ, 2018.

[4] Pour une analyse approfondie de cet instrument, voir avec les nombreuses références citées, FLORE (D.), *Droit pénal européen : les enjeux d'une justice pénale européenne*, éd. Larcier, 2014.

(CJUE, GC, 18 déc. 2014) sur la non-adhésion de l'UE à la CEDH[5], la Cour de justice affirme que le système juridique européen :

« *(...) repose sur la prémisse fondamentale selon laquelle chaque État membre partage avec tous les autres États membres, et reconnaît que ceux-ci partagent avec lui, une série de valeurs communes sur lesquelles l'Union est fondée, comme il est précisé à l'article 2 TUE. Cette prémisse implique et justifie l'existence de la confiance mutuelle entre les États membres dans la reconnaissance de ces valeurs et, donc, dans le respect du droit de l'Union qui les met en œuvre* » (point 168).

C'est cette confiance mutuelle qui a conduit la Cour de justice dans cet avis à défendre son monopole dans le contrôle juridique des actions de l'UE. Confiance mutuelle et système en commun de justice apparaissent ainsi étroitement liés, comme en matière de coopération judiciaire civile et pénale.
Que penser de cette référence appuyée à la confiance mutuelle, spécialement dans les instruments de coopération judiciaire civile et pénale ? Nous proposons de formuler deux réponses.

La confiance mutuelle : une réalité

La première consiste à considérer que la confiance mutuelle est une réalité en ce sens qu'elle prend corps dans les réalisations juridiques de l'espace de liberté, de sécurité et de justice, chaque fois que la règle de droit encadre très fortement les possibilités de défiances (mutuelles) entre autorités nationales.

C'est le cas en matière de reconnaissance des décisions étrangères civiles. Par exemple, le Règlement n° 1215/2012 (préc.) prévoit, en son article 45 § 1, cinq cas limités de refus de reconnaissance :
a) si la reconnaissance est manifestement contraire à l'ordre public de l'État membre requis ;

[5] Pour une double analyse de cet avis sur le Blog du GDR CNRS ELSJ, voir les billets de H. Labayle (http://www.gdr-elsj.eu/2014/12/22/droits-fondamentaux/la-guerre-des-juges-naura-pas-lieu-tant-mieux-libres-propos-sur-lavis-213-de-la-cour-de-justice-relatif-a-ladhesion-de-lunion-a-la-cedh/ - 22 déc. 2014) et R. Mehdi (http://www.gdr-elsj.eu/2015/02/13/droits-fondamentaux/avis-213-le-mecanisme-de-codefendeur-a-lepreuve-de-lautonomie-du-droit-de-lunion-europeenne/ - 13 fév. 2015).

b) dans le cas où la décision a été rendue par défaut, si l'acte introductif d'instance ou un acte équivalent n'a pas été notifié ou signifié au défendeur en temps utile et de telle manière qu'il puisse se défendre, à moins qu'il n'ait pas exercé de recours à l'encontre de la décision alors qu'il était en mesure de le faire ;
c) si la décision est inconciliable avec une décision rendue entre les mêmes parties dans l'État membre requis ;
d) si la décision est inconciliable avec une décision rendue antérieurement dans un autre État membre ou dans un État tiers entre les mêmes parties dans un litige ayant le même objet et la même cause, lorsque la décision rendue antérieurement réunit les conditions nécessaires à sa reconnaissance dans l'État membre requis ; ou
e) si la décision méconnaît certaines règles de compétence définies par le règlement.

C'est cette même logique qui préside au dispositif du mandat d'arrêt européen. Son exécution ne peut être refusée que dans des cas prévus par les textes. Par exemple, l'article 3 de la Décision-cadre n° 2002/584 (préc.) énonce trois cas impératifs de refus d'exécution :
1) si l'infraction qui est à la base du mandat d'arrêt est couverte par l'amnistie dans l'État membre d'exécution lorsque celui-ci avait compétence pour poursuivre cette infraction selon sa propre loi pénale ;
2) s'il résulte des informations à la disposition de l'autorité judiciaire d'exécution que la personne recherchée a fait l'objet d'un jugement définitif pour les mêmes faits par un État membre, à condition que, en cas de condamnation, celle-ci ait été subie ou soit actuellement en cours d'exécution ou ne puisse plus être exécutée selon les lois de l'État membre de condamnation ;
3) si la personne qui fait l'objet du mandat d'arrêt européen ne peut, en raison de son âge, être tenue pénalement responsable des faits à l'origine de ce mandat selon le droit de l'État membre d'exécution.

Dans ces différentes situations, on peut dire que la confiance est prescrite. La règle de droit interdit tout refus de reconnaissance ou d'exécution en dehors des cas strictement prévus par le règlement et la décision-cadre. La Cour de justice veille scrupuleusement au bon respect de ces règles qui imposent une reconnaissance mutuelle.

En matière civile, on peut citer l'emblématique arrêt *Gambazzi* (CJCE, 2 avril 2009, C-394/07) où la Cour de justice limite le jeu de la clause d'ordre public aux seuls cas d'atteintes manifestes et démesurées :

« *le juge de l'État requis peut tenir compte, au regard de la clause de l'ordre public (...), du fait que le juge de l'État d'origine a statué sur les prétentions du demandeur sans entendre le défendeur, qui s'était régulièrement constitué devant lui mais qui a été exclu de la procédure par une ordonnance au motif qu'il n'avait pas satisfait à des obligations imposées par une ordonnance prise antérieurement dans le cadre de la même procédure, lorsque, au terme d'une appréciation globale de la procédure et au vu de l'ensemble des circonstances, il lui apparaît que cette mesure d'exclusion a constitué une atteinte manifeste et démesurée au droit du défendeur à être entendu* ».

En matière pénale, on songe au célèbre arrêt *Melloni* (CJUE, GC, 26 fév. 2013, C-399/11) qui s'en est tenu à une lecture rigoureuse (et validante) de la décision-cadre :
1) L'article 4 bis, paragraphe 1, de la décision-cadre 2002/584/JAI du Conseil, du 13 juin 2002, relative au mandat d'arrêt européen et aux procédures de remise entre États membres, telle que modifiée par la décision-cadre 2009/299/JAI du Conseil, du 26 février 2009, doit être interprété en ce sens qu'il s'oppose à ce que l'autorité judiciaire d'exécution, dans les hypothèses indiquées à cette disposition, subordonne l'exécution d'un mandat d'arrêt européen délivré aux fins de l'exécution d'une peine à la condition que la condamnation prononcée par défaut puisse être révisée dans l'État membre d'émission.
2) L'article 4 bis, paragraphe 1, de la décision-cadre 2002/584, telle que modifiée par la décision-cadre 2009/299, est compatible avec les exigences découlant des articles 47 et 48, paragraphe 2, de la charte des droits fondamentaux de l'Union européenne.
3) L'article 53 de la charte des droits fondamentaux de l'Union européenne doit être interprété en ce sens qu'il ne permet pas à un État membre de subordonner la remise d'une personne condamnée par défaut à la condition que la condamnation puisse être révisée dans l'État membre d'émission, afin d'éviter une atteinte au droit à un procès équitable et aux droits de la défense garantis par sa constitution.

Naturellement, le processus de reconnaissance ou d'exécution imposé s'intègre à un environnement juridique européen qui s'efforce de créer les conditions de la confiance : définition de standards communs, rapprochement des législations nationales, définition de procédures uniformes[6]. Mais en dehors des cas limitativement prévus par les textes, la confiance doit normalement régner.

La confiance mutuelle : un mythe

Une autre analyse, différente, consiste à dénoncer les limites théoriques et pratiques d'un dispositif construit sur une confiance mutuelle largement postulée.

D'un point de vue théorique, la critique tient à la confusion qui est souvent entretenue entre un mécanisme interne de reconnaissance des décisions de justice nationales et les mécanismes européens de reconnaissance mutuelle des décisions de justice des différents États membres. Dire que l'on peut, en matière de coopération judiciaire transfrontière, sublimer la confiance partagée par l'abolition pure et simple des frontières intérieures à un espace commun est tout simplement faux. Le modèle de confiance requis pour reconnaissance des décisions de justice entre Nice et Turin n'est pas le même que celui dont nous avons besoin pour la reconnaissance des décisions de justice entre Nice et Lyon. Affirmer le contraire est une vue de l'esprit.
Or la Cour de justice est parfois tentée par ce type de vision. La jurisprudence *Meroni* (CJUE, 25 mai 2016, C-559/14) en est un bel exemple. Dans cet arrêt, le juge de Luxembourg a décidé que :

« *la reconnaissance et l'exécution d'une ordonnance rendue par une juridiction d'un État membre, qui a été prononcée sans qu'un tiers dont les droits sont susceptibles d'être affectés par cette ordonnance ait été entendu, ne sauraient être considérées comme étant manifestement contraires à l'ordre public de l'État membre requis et au droit à un procès équitable au*

---

[6] Pour une présentation générale de ce processus d'intégration européenne, voir notre ouvrage co-écrit avec ROBIN-OLIVIER (S.), *Droit européen*, éd. PUF, 2011, spéc. n° 129 et s.

sens de ces dispositions, dans la mesure où il lui est possible de faire valoir ses droits devant cette juridiction »[7].

Alors que rien dans le texte européen interprété par cet arrêt ne permet d'imposer une telle solution[8], la Cour de justice fait de la concentration de l'ensemble des voies de recours dans le pays d'origine de la décision étrangère, une caractéristique du dispositif européen de reconnaissance (ou d'exécution). Pour arriver à cette solution, le juge européen s'inspire manifestement d'un modèle de justice national qui veut que les recours soient concentrés dans le ressort territorial de la juridiction qui a statué. Or, qu'on le veuille ou non, ce modèle n'est pas celui de la justice européenne.

D'un point de vue pratique, il ne faut pas négliger ces situations improbables, ces cas rares, auxquels personne n'aura jamais véritablement osé songer et qui menacent de mettre au jour les points de fragilité des dispositifs ainsi conçus. En matière de confiance mutuelle, la jurisprudence de la Cour de justice offre des illustrations connues de situations où, en dépit des dispositifs existants, la confiance n'est plus de mise.

En matière civile, on songe à la rocambolesque affaire *Krombach* (CJCE, 28 mars 2000, C-7/98) où la Cour de justice a accepté de donner une vision élargie de la clause d'ordre public, au-delà de la lettre du dispositif européen de non-reconnaissance des décisions étrangères :

[7] Voir sur le blog du GDR CNRS ELSJ les commentaires de M. Barba (http://www.gdr-elsj.eu/2016/05/29/cooperation-judiciaire-civile/casse-tete-jurisprudentiel-autour-de-lexequatur-a-propos-des-arrets-meroni-et-avotins/ - 29 mai 2016) et de C. Nourissat (http://www.gdr-elsj.eu/2016/06/05/cooperation-judiciaire-civile/jeu-de-lexception-dordre-public-en-matiere-dexecution-transfrontiere-dans-lespace-intra-europeen-inversion-ou-perversion-du-contentieux-apres-l/ - 5 juin 2016).

[8] Ce modèle de concentration des recours dans le pays d'origine existe pour les procédures européennes simplifiées du type « injonction de payer européenne » ou « créances petits litiges ». Mais tel n'était pas le cas ici, puisque la décision a été rendue dans le contexte général décrit ci-avant de reconnaissance et d'exécution des décisions judiciaires civiles et commerciales rendues dans les différents États membres.

« *Le juge de l'État requis peut, à l'endroit d'un défendeur domicilié sur le territoire de celui-ci et poursuivi pour une infraction volontaire, tenir compte, au regard de la clause de l'ordre public (...), du fait que le juge de l'État d'origine a refusé à ce dernier le droit de se faire défendre sans comparaître personnellement* ».

Et en matière pénale, on ne peut passer sous silence le récent cas *LM* (CJUE, GC, 25 juillet 2018, C-216/18 PPU) considérant le défaut d'indépendance de la justice d'un État membre (la Pologne en l'occurrence) comme cause possible de refus d'exécution du mandat d'arrêt européen émis par les autorités de cet État :

« *lorsque l'autorité judiciaire d'exécution appelée à décider de la remise d'une personne faisant l'objet d'un mandat d'arrêt européen émis aux fins de l'exercice de poursuites pénales dispose d'éléments (...) tendant à démontrer l'existence d'un risque réel de violation du droit fondamental à un procès équitable garanti par l'article 47, deuxième alinéa, de la charte des droits fondamentaux de l'Union européenne, en raison de défaillances systémiques ou généralisées en ce qui concerne l'indépendance du pouvoir judiciaire de l'État membre d'émission, ladite autorité doit vérifier, de manière concrète et précise, si, eu égard à la situation personnelle de cette personne, ainsi qu'à la nature de l'infraction pour laquelle elle est poursuivie et au contexte factuel qui sont à la base du mandat d'arrêt européen (...), il existe des motifs sérieux et avérés de croire que ladite personne courra un tel risque, en cas de remise à ce dernier État* »[9].

II. La confiance mutuelle ou la question du sens des libertés de circuler

Les mécanismes de coopération judiciaire civile et pénale décrits ci-avant trouvent leur fondement dans la confiance que s'accordent (ou devraient s'accorder) les acteurs institutionnels des différents États membres de l'Union européenne. Un juge national, une autorité nationale ou, plus largement entendu, un système juridique national

[9] Voir sur le blog du GDR CNRS ELSJ, les commentaires de M. POELEMANS : http://www.gdr-elsj.eu/2018/10/26/informations-generales/etat-de-droit-et-mandat-darret-europeen-quel-role-pour-la-cour-de-justice/ - 26 octobre 2018.
Et G. TAUPIAC-NOUVEL :
http://www.gdr-elsj.eu/2018/10/28/informations-generales/derniers-developpements-concernant-le-mandat-darret-europeen-la-cour-de-justice-au-secours-de-la-construction-repressive-europeenne/ - 28 octobre 2018.

n'est disposé à accepter qu'une situation juridique constituée hors de son territoire produise chez lui ses effets que s'il a la conviction qu'il peut faire confiance dans le système étranger. De manière générale, la confiance traduit le sentiment que des règles, valeurs, principes sont communs à plusieurs systèmes au point de former un système commun nouveau. De manière plus immédiate, la confiance porte sur la croyance que le système étranger est à même de garantir une réciprocité dans les mécanismes de reconnaissance (mutuelle).

Si, comme on l'a rappelé plus haut, l'Union européenne a porté très tôt et très haut, l'ambition de coordonner les systèmes juridiques nationaux de manière à entretenir cette confiance nécessaire aux mécanismes de coopération judiciaire, l'actualité montre régulièrement que les régressions ou les écarts sont toujours possibles et qu'il faut savoir rediscuter le sens de la confiance mutuelle, spécialement en situation d'incertitude.

Cette question du sens dans un contexte potentiellement incertain soulève le point de savoir pourquoi en Europe, dans l'Union européenne, des mécanismes particulièrement aboutis de reconnaissance mutuelle des décisions judiciaires étrangères ont été mis en place alors qu'ils n'ont pas véritablement leur équivalent dans l'environnement international ? Au fond, que voulons-nous faire en perpétuant ce modèle ?

Une première façon de répondre à cette interrogation consiste à observer de manière difficilement contestable qu'en matière de coopération judiciaire civile et pénale, c'est clairement la circulation des décisions de justice qui est recherchée. L'objectif figure en toutes lettres dans le premier motif du Règlement n° 1215/2012 (préc.) : « *(...) il convient (...) de faciliter davantage la libre circulation des décisions* » (motif n° 1, comparer également les motifs n° 6, n° 27, 33). Il est également affiché dans les dispositions liminaires de la Décision-cadre n° 2002/584 (préc.) :

« *(...) Aux relations de coopération classiques qui ont prévalu jusqu'ici entre États membres, il convient de substituer un système de libre circulation des décisions judiciaires en matière pénale, tant pré-sentencielles que définitives, dans l'espace de liberté, de sécurité et de justice* » (motif, n° 5).

Cet objectif de circulation est crucial dans la construction européenne. Il ambitionne de dépasser l'approche traditionnelle par les territoires et les questions de franchissement de frontières, par une approche en termes « d'espace » et, plus exactement, « *d'espace de flux* » pour reprendre la formule générique imaginée par un auteur[10]. Dans les espaces de ce type, la circulation est appréhendée en tant que telle, de manière unitaire, et non, comme on le fait traditionnellement, par voie de conséquence, c'est-à-dire de façon fragmentée par ses causes ou ses conséquences. Si l'on adhère à cette approche unitaire, si l'on accepte de postuler une libre circulation, des décisions de justice pour le sujet qui nous intéresse, alors on peut dire de manière totalement réflexive que l'appartenance à un espace justifie que les décisions circulent à l'intérieur de cet espace, de même que la circulation des décisions au sein dudit espace permet d'en asseoir les contours. « Espace » et « circulation » ne font qu'un dans cette perspective.

Mais tout cela ne fonctionne que si l'approche classique par les territoires est réellement évacuée. Les difficultés que rencontre régulièrement la circulation des décisions de justice montrent qu'il ne suffit pas de proclamer haut et fort des libertés de circuler pour que cela fonctionne effectivement. Encore faut-il que la circulation des décisions s'inscrive réellement dans un espace de flux suffisamment homogène et dynamique pour reléguer à l'arrière-plan les approches par les territoires. En ce domaine, comme dans bien d'autres en matière de libertés de circulation[11], il faut en définitive distinguer deux types de situations de circulation : celles qui adhèrent à une approche en termes d'espace de flux et celles qui demeurent soumises à une logique de territoires.

Ramenées à la question de la confiance mutuelle en matière de coopération judiciaire civile et pénale européenne, ces différentes circulations offrent deux profils très différents. Dans l'approche unitaire portée par la figure de l'espace de flux, la confiance mutuelle

---

[10] Pour une conceptualisation de cet espace de flux (space of flows) par opposition aux espaces de lieux (space of places), voir le travail du sociologue BAUMAN (Z.) : *Liquid Modernity*, Polity, 2000.

[11] Notons qu'il s'agit là d'une des ambitions du projet de recherche IFITIS que nous conduisons sur la circulation totale au-delà du contrôle et le droit (IUF 2016-2021 - http://www.universitates.eu/jsberge/?p=21027).

est acquise, elle n'est pas discutée, elle passe à l'arrière-plan. Dans l'approche fragmentée par les territoires, la confiance demeure toujours conditionnelle, elle occupe une place de premier ordre et elle est débattue.

La question du sens des libertés de circulation revient en définitive à se demander, quelle Europe nous voulons vraiment : l'Europe d'un espace et d'une confiance mutuelle postulée ou l'Europe des territoires où la confiance est mise à l'épreuve du franchissement des frontières ? En matière de coopération judiciaire civile et pénale, les deux réponses cohabitent. C'est au juriste orfèvre de distinguer entre toutes les circulations de décisions, celles qui répondent à une logique d'espace et cette qui demeurent soumises à une logique de territoires. Ces distinctions passent par ce que nous appelons volontiers une approche modale de la circulation[12], c'est-à-dire une vision enrichie et complexe des modalités à l'œuvre pour chaque phénomène de circulation sous examen.

---

[12] Sur l'usage de cette expression, voir notre étude : « Contextualisation et circulation des situations : approche modale des phénomènes de gestation pour autrui à l'étranger », *JDI*, 2018, p. 3.

La gestion de l'incertitude par les juridictions internationales. Créer de la confiance par la procédure

Julie TRIBOLO

Le sujet dont j'ai choisi de vous parler aujourd'hui illustre un des nombreux défis que la modernité impose au juge, qu'il soit national, régional ou international : je fais bien sûr allusion à la gestion de l'incertitude dans le cadre du procès[1]. Si les preuves empiriques de l'existence d'un tel défi ne manquent certes pas, la question qui s'impose presque immédiatement à l'esprit de l'observateur attentif est : pourquoi donc est-ce un défi ? À dire vrai, l'incertitude n'est pas un phénomène nouveau et un examen rapide de l'histoire suffit à réaliser qu'il s'agit sans doute même d'une réalité des plus banales, en tout cas l'une des plus constantes auxquelles les sociétés humaines ont été confrontées à travers les âges. Depuis toujours, celles-ci ont élaboré des stratégies, des manières d'être et de penser[2] leur permettant de composer, avec plus ou moins de succès et de facilité, avec ce phénomène. Pourquoi alors celui-ci présenterait-il davantage de difficultés aujourd'hui ?

L'on gagera que c'est pour l'essentiel l'héritage des Lumières qui est en cause ici. À partir du XVIIIème siècle en effet, le mouvement philosophique des Lumières devait poser les bases d'un monde nouveau, construit sur un idéal de progrès et sur une glorification de la Raison en tant que seul mode d'accès valable au réel[3] ; celle-ci est d'ailleurs présentée comme un instrument si puissant qu'elle serait capable de nous révéler le vrai, par-delà les limitations de nos sens et les peurs issues de l'obscurantisme moyenâgeux[4]. En défendant l'idée

[1] La forme orale de l'intervention a été très largement conservée en l'espèce.

[2] L'on pense pêle-mêle par exemple à tous les rites et croyances, mais aussi aux mécanismes de solidarité, de mutualisation des risques etc...

[3] Voy. par exemple KANT (E.), *Qu'est-ce que les Lumières ?*, Paris : Larousse, 2013, 96 p. ; DESCARTES (R.), *Discours de la Méthode. Pour bien conduire sa raison et chercher la vérité dans les sciences*, Paris : V. Palmé, 1881, 123 p.

[4] Ce postulat n'est certes pas totalement nouveau puisque Platon subordonnait déjà en son temps la possibilité pour l'individu de s'émanciper des limites du monde sensible à l'exercice par celui-ci de sa puissance intellectuelle, unique moyen d'accès à la réalité intelligible ou encore au « monde des Idées ». Néanmoins, ce postulat, pierre angulaire de la théorie cartésienne de la connaissance, a engendré au

qu'il était possible d'accéder au vrai et en conférant à l'homme une maîtrise jusque-là inégalée de son environnement, les Lumières ont durablement modifié le rapport que les sociétés humaines entretenaient à l'incertitude : non seulement celle-ci a cessé de relever de la banalité, mais dans la mesure où elle porte en elle un échec – sinon définitif, à tout le moins temporaire – des promesses des Lumières, elle est perçue aujourd'hui pour l'essentiel comme une anormalité, un dysfonctionnement inquiétant de l'ordre des choses qu'il convient d'éradiquer. Cet état de fait induit des situations d'autant plus délicates à gérer pour le juge que la technicisation croissante des contentieux favorise sans nul doute la prise de conscience des nombreuses zones d'ombre que la science laisse, bien malgré elle, subsister.

Comme je le mentionnais plus tôt, cette appréhension suscitée par les situations d'incertitude n'est certes pas un défi auquel serait spécifiquement confronté le juge international, sur lequel nous nous concentrerons ici : la même difficulté affecte en effet les juridictions nationales et régionales. Néanmoins, le caractère très largement décentralisé et faiblement intégré de la société des États, qui se traduit, sauf cas tout à fait exceptionnel, par l'absence de compétence obligatoire du juge et par l'impossibilité de mettre en œuvre une exécution forcée de ses décisions, rend sans nul doute plus prégnantes encore les inquiétudes suscitées par les situations d'incertitude dans le cadre de l'instance internationale. Face à cette réalité, la question se pose de savoir quels instruments le juge international peut mobiliser pour rassurer les États quant à sa capacité à gérer l'incertitude et à rendre une décision qui, tout en respectant leur souveraineté et les droits qui en découlent, permette de régler effectivement les différends qui les opposent.

---

cours du 18ème siècle et à travers le prisme d'une Raison alors toute-puissante, un renouvellement sans précédent de la fonction et du rôle de la science dans la société. À propos de l'impact de la science sur la conception et les modes d'établissement de la vérité, *cf.* SHAPIN (S.), *A social history of truth. Civility and science in the seventeenth-century England*, Chicago : University of Chicago Press, 1994, 483 p. ; SHAPIN (S.), SCHAFFER (S.), *Le Léviathan et la pompe à air. Hobbes et Boyle entre science et politique*, Paris : La Découverte, 1993, 468 p. ; ARMSTRONG (D. M.), *Truth and truth-makers*, New York : Cambridge University Press, 2004, 158 p.

Au cours des dernières décennies, le droit international a donné naissance à certains outils spécifiquement dédiés à la gestion des situations d'incertitude, tel par exemple le principe de précaution[5], aujourd'hui repris dans nombre de législations internes (voire, dans le cas de la France, dans sa constitution). Mais sa formulation et sa portée hautement variables[6], y compris dans le champ du droit international, en limitent grandement l'intérêt dans la perspective qui est la nôtre. À côté de ces tentatives, il semble que peu d'attention soit en revanche accordée aux modalités procédurales encadrant l'activité du juge international. Cela paraît surprenant dans la mesure où, comme nous le verrons dans les développements à venir, celles-ci influencent très directement les relations qui se tissent entre les acteurs du procès : si certaines modalités procédurales favorisent l'instauration d'une relation de confiance entre ces derniers et peuvent ainsi permettre de juguler les effets de l'incertitude dans le cadre de l'instance (II), d'autres sont au contraire susceptibles de les exacerber en suscitant une méfiance regrettable entre eux (I).

[5] Ce concept, apparu pour la première fois à l'occasion de la Conférence internationale sur la protection de la mer du Nord de 1987 et qui revêtait alors toutes les caractéristiques du *soft law*, fut repris par la suite dans plusieurs instruments conventionnels pleinement contraignants tels la Convention de Londres de 1990 sur la pollution par les hydrocarbures, la Convention de Paris de 1992 pour la protection du milieu marin de l'Atlantique, la Convention d'Helsinki sur les cours d'eau transfrontières et les lacs internationaux de 1992 ou encore la Convention-cadre des Nations-Unies sur les changements climatiques de 1992 également, par exemple.

[6] Selon les différentes formulations qui ont pu être retenues jusqu'à présent, le principe de précaution est en effet susceptible de s'analyser tantôt comme une obligation, tantôt comme une simple recommandation, voire parfois comme une norme de comportement intermédiaire. Sur ce point, voy. notamment LUCCHINI (L.), « Le principe de précaution en droit international de l'environnement : ombres plus que lumières », *AFDI*, 1999, vol. 45, pp. 710-731 et PRIEUR (M.), « Les nouveaux principes du droit de l'environnement : l'exemple du principe de précaution », communication présentée lors des Xème Journées juridiques franco-chinoises sur le droit de l'environnement, Paris, 11-19 octobre 2006 (texte accessible sur le site de la Société de législation comparée : https://www.legiscompare.fr/web/IMG/pdf/2-Prieur.pdf).

I. L'héritage procédural des traditions continentale et de Common Law, cause d'exacerbation des effets de l'incertitude dans le procès international

Lorsque l'on examine les statuts et règlements qui encadrent l'activité des juridictions internationales, deux éléments retiennent assez rapidement l'attention : tout d'abord, la procédure devant ces juridictions a souvent un air de « déjà vu » et pour cause puisque, loin d'avoir été créée de toutes pièces, elle consiste dans une transposition relativement fidèle des modalités procédurales prévalant au sein des deux grandes traditions juridiques que sont le droit romano-germanique (ou continental) d'une part et la Common Law d'autre part[7] ; ensuite, il se dégage des modalités procédurales héritées des traditions juridiques en cause deux visions précises – et relativement différentes – du rôle du juge et plus largement de la justice, tout particulièrement eu égard à l'enjeu de vérité[8]. Ces deux constatations laissent d'ores et déjà entrevoir un certain nombre des difficultés

---

[7] Pour être tout à fait exact, la procédure internationale – et à vrai dire, le droit international tout entier – a principalement hérité ses caractéristiques de la tradition continentale, son développement ayant été très largement influencé par l'histoire du continent européen jusqu'à une période relativement récente de l'histoire. Les Professeurs Daillier, Pellet et Forteau notent ainsi, en introduction à leur ouvrage sur la matière, que « *[...] pendant une longue période, l'histoire du droit international, tel que nous le connaissons, s'est largement confondue avec l'histoire européenne : c'est en Europe qu'est apparu l'État moderne, avec l'avènement du mode de production capitaliste ; c'est en Europe que se sont développées et qu'ont été précisées les principales institutions du droit des gens contemporain ; et c'est du fait de l'expansionnisme colonial que les règles forgées en Europe ont été imposées au reste du monde* » (DAILLIER (P.), PELLET (A.), FORTEAU (M.), *Droit international public*, Paris : LGDJ, 2009, 8ème édition, p. 51). Ceci étant, et comme le notait déjà Gutteridge au milieu du siècle dernier, le phénomène de globalisation du droit, à l'œuvre depuis plusieurs décennies maintenant, n'a pas épargné le droit international et a indubitablement favorisé la réception, au sein de cet ordre juridique, d'autres traditions juridiques, principalement celle de Common Law (GUTTERIDGE (H.), « Comparative law and the law of nations », *BYBIL*, 1944, vol. 21, p. 2).

[8] L'on renverra notamment sur cette question à l'excellent ouvrage qu'Antoine Garapon et Ioannis Papadopoulos ont consacré à l'office du juge, appréhendé dans une perspective comparatiste à partir des exemples français et américain : GARAPON (A.), PAPADOPOULOS (I.), *Juger en Amérique et en France*, Paris : Odile Jacob, 2003, 322 p.

auxquelles le juge international se trouve confronté dans la gestion des situations d'incertitude.

Pour commencer sans doute par la difficulté la plus évidente, il ne semble pas qu'une procédure essentiellement déterminée par un tel enjeu – la vérité, peu importe d'ailleurs que l'on retienne de ce terme une vision substantielle, à la « mode » continentale, ou seulement procédurale comme en Common Law – soit la plus adaptée pour permettre au juge de gérer ces situations qui, par définition, échappent encore pour partie au moins à notre connaissance et se prêtent donc mal aux approches trop manichéennes. En l'absence de certitude sur telle ou telle question soumise au juge, la notion de vérité n'est certes pas d'un grand secours, seule la confiance entre les différents acteurs du procès – juge, parties mais également témoins et experts – peut permettre au juge de se déterminer et aux parties d'accepter sa décision comme étant tout à la fois juste et éclairée. La confiance, que Georg Simmel définit précisément comme « *un état intermédiaire entre le savoir et le non-savoir* »[9], constitue donc un élément-clé dans la gestion que le juge international fait de l'incertitude et elle détermine sa plus ou moins grande capacité à susciter l'adhésion des États à ses décisions en dépit de celle-ci. C'est pourquoi il apparaît essentiel que les modalités procédurales qui encadrent l'activité du juge international soient, autant que faire se peut, de nature à favoriser l'instauration d'une relation de confiance entre les acteurs du procès.

Or, et c'est là une seconde difficulté majeure, les procédures inquisitoire et accusatoire héritées respectivement des traditions continentale et de Common Law ont été transposées dans l'ordre juridique international sans qu'il ne soit jamais véritablement tenu compte des spécificités de celui-ci. La principale conséquence de cet état de fait, outre le sentiment d'une certaine inadaptation aux enjeux de l'instance internationale, est que la procédure suivie devant les juridictions internationales suscite généralement plus de méfiance que de confiance entre les acteurs du procès.
Ainsi, les pouvoirs étendus et le rôle actif dont jouit le juge dans le cadre de la procédure inquisitoire de droit continental – et que l'on retrouve notamment à travers la faculté généralement conférée au juge international de « *prendre toutes les mesures que comporte*

[9] SIMMEL (G.), *Secret et sociétés secrètes*, Strasbourg : Circé, 1991, p. 22.

l'administration des preuves »[10], y compris par exemple interroger les témoins et experts[11], requérir la production de tous documents et explications qu'il estime nécessaires[12], ordonner une expertise[13] ou encore se transporter sur les lieux[14] – suscitent sans nul doute beaucoup de craintes et de méfiance chez les États. Ceux-ci sont en effet des justiciables un peu particuliers, puisqu'en leur qualité d'entités souveraines, ils ne sont par principe soumis à aucune autorité autre que la leur propre. En conséquence, l'intervention d'un tiers aux fins du règlement de leurs différends n'est jamais anodine pour eux, et elle l'est d'autant moins que ce tiers est doté de larges pouvoirs d'enquête et d'établissement des faits. L'héritage procédural continental des juridictions internationales suscite donc, on le voit, de par son inadaptation aux spécificités de l'ordre juridique international, une certaine méfiance des États envers le juge : en témoigne par exemple le refus régulier des États de coopérer aux demandes de communication de documents, aux expertises ou aux descentes sur les lieux qui seraient ordonnées par le juge, comme cela fut le cas entre autres dans la célèbre affaire du *Détroit de Corfou*[15], dans la non moins célèbre affaire des *Activités militaires au Nicaragua et contre celui-ci*[16] ou plus récemment dans l'affaire de l'*Application de la*

[10] Article 48 du statut de la Cour permanente de Justice Internationale (CPJI) et du statut de la Cour internationale de Justice (CIJ) ; article 27 du statut du Tribunal international du droit de la Mer (TIDM).

[11] Article 51 du statut et du règlement intérieur de la CPJI ; article 51 du statut de la CIJ ; article 80 du règlement intérieur du TIDM et article 13 du mémorandum d'accord de l'Organisation mondiale du Commerce (OMC).

[12] Article 49 du statut de la CPJI et de la CIJ ; article 77 § 1 du règlement intérieur du TIDM ; article 13 du mémorandum d'accord de l'OMC.

[13] Article 50 du statut de la CPJI et de la CIJ ; article 82 du règlement intérieur du TIDM et article 13 du mémorandum d'accord de l'OMC.

[14] Article 44 du statut de la CPJI ; article 44 du statut et 66 du règlement intérieur de la CIJ ; article 81 du règlement intérieur du TIDM ; article 13 du mémorandum d'accord de l'OMC.

[15] CIJ, *Détroit de Corfou*, Royaume-Uni c. Albanie, arrêt du 9 avril 1949 (fond), *Rec.* 1949, p. 32. Dans cette affaire, dans laquelle l'Albanie était mise en cause à la suite du naufrage dans ses eaux territoriales de deux navires britanniques qui avaient heurté des mines sous-marines, la Cour fut confrontée d'une part au refus du Royaume-Uni de lui communiquer certains documents au motif qu'ils étaient protégés par le secret naval lors de l'arrêt au fond, et d'autre part, au refus de l'Albanie de se présenter purement et simplement devant la Cour lors de la phase subséquente consacrée à la détermination du montant des réparations.

[16] CIJ, *Activités militaires et paramilitaires au Nicaragua et contre celui-ci*,

Convention pour la prévention et la répression du crime de génocide[17]. Face à ces situations délicates, le juge n'a régulièrement eu d'autre choix que de statuer à partir de preuves documentaires à la valeur probante limitée, ce qui n'a pas manqué de susciter nombre de critiques tant de la part des praticiens que de la doctrine[18].

La constatation de l'inadaptation de la procédure inquisitoire aux spécificités de l'ordre juridique international a justifié, au cours des dernières décennies, un rééquilibrage de la procédure internationale en faveur de la procédure accusatoire de Common Law qui, parce qu'elle favorise la vision d'un juge passif, simple arbitre du duel que se livrent les États dans le prétoire, apparaît bien plus respectueuse de leur souveraineté. L'on ne saurait cependant voir dans ce rééquilibrage une évolution positive s'agissant de la gestion de l'incertitude par les juridictions internationales : si la procédure accusatoire a certes le mérite de rassurer les États quant au rôle et à l'étendue des pouvoirs du juge international, elle repose en revanche sur la vision d'une instance qui constituerait un duel entre les parties,

---

Nicaragua c. États-Unis, arrêt du 27 juin 1986 (fond), *Rec.* 1986, p. 40. Après avoir manifesté son intention « *de s'assurer réellement du bien-fondé en fait et en droit des conclusions de l'État demandeur* » et évoqué à cet égard la possibilité d'ordonner au titre de l'article 50 de son Statut une enquête ou une expertise, la Cour dut finalement renoncer à toute mesure d'investigation dans cette affaire car il lui paraissait « *douteux qu'une telle enquête fût praticable ou désirable* » au vu de l'absence totale de coopération des États concernés.

[17] CIJ, *Affaire relative à l'application de la convention pour la prévention et la répression du crime de génocide*, Bosnie-Herzégovine c. Serbie-et-Monténégro, op. diss. Mahiou sous arrêt du 26 février 2007 (fond), *Rec.* 2007, p. 418. Dans cette affaire, l'examen de l'éventuelle responsabilité de l'État serbe pour les actes commis à l'encontre des populations non serbes supposait pour la Cour d'accéder à plusieurs documents, notamment au compte-rendu des réunions du Conseil Suprême de la Défense, qui lui avait bien été communiqué mais dans une version expurgée de plusieurs parties. Après avoir discuté officieusement de la possibilité de faire usage de ses pouvoirs d'investigation pour obtenir le document en version intégrale, la Cour décida de renoncer face au refus évident de la Serbie de collaborer à ces mesures.

[18] Voy. par exemple HALINK (S.), "All things considered : How the International Court of Justice delegated its fact assessment to the United Nations in the *Armed Activities* Case", *NY Univ. J. Int'l Law & Pol.*, 2008, vol. 40, numéro spécial, pp. 13-52 ; TEITELBAUM (R.), "Recent fact-finding developments at the International Court of Justice", *The L. & Pract. Int'l Courts and Trib.*, 2007, vol. 6, n° 1, pp. 130-131 ; CIJ, *Plate-formes pétrolières*, Iran c. États-Unis, op. ind. Owada sous arrêt du 6 novembre 2003 (fond), *Rec.* 2003, p. 321.

exacerbant par-là même la combativité, l'agressivité des États, et réduisant d'autant les chances que s'instaurent entre eux une relation de confiance. L'on songera à cet égard à la pratique inquiétante de l'interrogatoire et du contre-interrogatoire, qui donne lieu à des passes d'armes très dures et souvent improductives entre les États, comme en témoignent les désormais tristement fameux « combats d'experts »[19].

Sans surprise, les modalités procédurales héritées des traditions continentale et de Common Law n'ont donc pas permis au juge international d'adopter une gestion efficace et apaisée des situations d'incertitude : en favorisant la méfiance des États entre eux et à l'égard du juge, elles ont interdit à chacun de dépasser ces situations et ont abouti à des décisions très largement critiquées de part et d'autre, parfois même incapables de mettre fin au différend qu'elles étaient supposées trancher.

II. L'adaptation prétorienne de la procédure internationale : le développement de la confiance comme antidote à l'incertitude

Confronté aux échecs répétés qu'il a enregistrés au cours des dernières décennies dans les instances à forte dimension scientifique ou autrement affectées d'une forte incertitude, le juge international

[19] L'on renverra, entre autres, à ces quelques affaires particulièrement édifiantes, qui se soldent d'ailleurs le plus souvent par la décision du juge d'ignorer purement et simplement les expertises produites par les États : CIJ, *Plateau continental,* Tunisie/ Jamahiriya Arabe Libyenne, arrêt du 24 février 1982, *Rec.* 1982, pp. 50-54 ; CIJ, *Affaire du Plateau continental,* Jamahiriya Arabe Libyenne/Malte, arrêt du 3 juin 1985, *Rec.* 1985, p. 36 ; CIJ, *Affaire de la délimitation maritime et des questions territoriales entre Qatar et Bahreïn*, Qatar c. Bahreïn, arrêt du 16 mars 2001 (fond), *Rec.* 2001, p. 98 ; CIJ, *Affaire relative à la souveraineté sur Pedra Branca/Pulau Batu Puteh, Middle Rocks et South Ledge*, Malaisie/Singapour, arrêt du 23 mai 2008, *Rec.* 2008, p. 60 ; CIJ, *Différend territorial et maritime*, Nicaragua c. Colombie, arrêt du 19 décembre 2012 (fond), *Rec.* 2012, p. 644 ; *Affaire relative à la délimitation des sphères d'influence en Afrique de l'Est*, Grande-Bretagne/Portugal, sentence du 30 janvier 1897, *RSA*, vol. XXVIII, p. 298 ; Commission mixte des réclamations Allemagne – États-Unis, *Lehigh Valley Railroad Cie, Agency of Canadian car and foundry Cie Limited, and various underwriters c. Allemagne*, décision du 3 décembre 1932, *RSA*, vol. VII, p. 121 ; *Affaire de la Fonderie du Trail*, États-Unis/Canada, sentence du 16 avril 1938, *RSA*, vol. III, pp. 1921-1922 ; TIDM, *Affaire du thon à nageoire bleue*, Nouvelle-Zélande c. Japon ; Australie c. Japon, mesures conservatoires, ordonnance du 27 août 1999, § 80 ; ORD, *CE – Amiante* (DS135), rapport du Groupe spécial, p. 229.

a entrepris récemment de faire évoluer la procédure qui encadre l'instance internationale. S'il n'est bien sûr pas question de renoncer purement et simplement à son double héritage en la matière (hypothèse délicate puisque cela nécessiterait en tout état de cause une modification des statuts des juridictions internationales concernées), le juge a en revanche adopté une lecture davantage consensuelle et « englobante » – d'aucuns diraient même « collégiale » – de ses prérogatives.

Les diverses juridictions internationales manifestent ainsi, depuis quelques années, une volonté claire d'associer l'ensemble des acteurs – et en premier lieu, bien sûr, les parties – à la mise en œuvre de leur pouvoir. Si on laisse de côté le cas des tribunaux arbitraux, dont la procédure est (sauf exception) déterminée en fonction des besoins spécifiques des parties et qui avaient donc depuis longtemps déjà passé ce cap, l'Organe de règlement des différends (ORD) de l'Organisation mondiale du Commerce fait ici figure de précurseur. Dès la fin des années 90, les groupes spéciaux de l'ORD ont ainsi cherché à associer étroitement les parties aux mesures de recherche et d'établissement des faits qu'ils entreprenaient. Le groupe spécial de l'affaire *CE – Amiante*[20] tout comme ceux des affaires *Australie – Saumons*[21], *CE – Hormones*[22], *États-Unis – Crevettes*[23], *Japon – Pommes*[24] ou encore *États-Unis – Maintien de la suspension*[25] ont par exemple choisi de consulter les parties quant à l'utilité pour le groupe spécial de recourir lui-même à des experts, et en cas de réponse positive, quant au choix des experts, à leur nombre et à l'appréciation de leurs qualifications. Emboîtant le pas à l'ORD, et alors même qu'elle n'avait plus recouru à l'expertise *propio motu* depuis sa toute première affaire, celle du *Détroit de Corfou* en 1949, la Cour internationale de Justice a décidé en 2016 dans l'affaire de la *Délimitation maritime dans la mer des Caraïbes et l'océan Pacifique* d'ordonner une expertise sur le fondement de l'article 50 de son statut tout en y associant, là aussi, étroitement les parties sur la question du

[20] ORD, *CE – Amiante* (DS135), rapport du Groupe spécial, p. 263 et s.
[21] ORD, *Australie – Saumon* (DS18), rapport du Groupe spécial, p. 111.
[22] ORD, *CE – Hormones* (DS26 et DS48), rapport du Groupe spécial, p. 130 et s.
[23] ORD, *États-Unis – Crevettes* (DS58), rapport du Groupe spécial, p. 178 et s.
[24] ORD, *Japon – Pommes* (DS245), rapport du Groupe spécial, p. 91 et s.
[25] ORD, *États-Unis – Maintien de la suspension* (DS320), rapport du Groupe spécial, p. 173 et s.

choix des experts, de leur nombre et de la détermination de leur mandat[26]. Le Tribunal international du droit de la Mer, lui aussi, semble manifestement soucieux de favoriser l'établissement d'une relation de confiance entre les acteurs du procès, et plus particulièrement entre les parties elles-mêmes : notant par exemple dans l'*Affaire des Travaux de poldérisation à l'intérieur et à proximité du Détroit de Johor* que « *la coopération entre les parties laissait à désirer* »[27], le tribunal a ainsi décidé d'ordonner une expertise conjointe, enjoignant aux États litigants de travailler ensemble et de produire un rapport commun sur les questions scientifiques controversées qui se trouvaient au cœur de l'affaire. Le Tribunal s'approprie à cette occasion une pratique qui avait cours depuis longtemps déjà en matière d'arbitrage devant les commissions bilatérales de conciliation ou de réclamation[28].

Outre ces initiatives qui paraissent d'ores et déjà encourageantes, l'on notera que l'Organe de règlement des différends de l'OMC semble également militer en faveur d'une certaine « déformalisation » de la procédure internationale, afin d'encourager l'établissement de relations plus simples, plus naturelles et plus égalitaires entre les acteurs du procès. Cela est particulièrement perceptible dans le cadre de la procédure orale : aux traditionnels interrogatoires et contre-interrogatoires se substituent ainsi depuis l'affaire *Australie – Saumon*

---

[26] CIJ, *Délimitation maritime dans la mer des Caraïbes et l'océan Pacifique*, Costa Rica c. Nicaragua, ordonnance du 31 mai 2016, *Rec.* 2016, p. 236.

[27] TIDM, *Affaire des Travaux de poldérisation à l'intérieur et à proximité du Détroit de Johor*, Malaisie c. Singapour, mesures conservatoires, ordonnance du 8 octobre 2003, *TIDM Rec.* 2003, § 97. L'on remarquera que des mesures conservatoires très similaires en substance avaient d'ores et déjà été ordonnées par le Tribunal dans l'affaire de l'Usine Mox, bien qu'aucune expertise n'eût alors été formellement prescrite à cette occasion. Les parties devaient, aux termes de l'ordonnance prise par le Tribunal, procéder à des consultations pour « *échanger des informations supplémentaires concernant les conséquences possibles, pour la Mer d'Irlande, de la mise en service de l'usine Mox* » et « *surveiller les risques ou les effets qui pourraient découler ou résulter, pour la Mer d'Irlande, des opérations de l'usine Mox* » (ordonnance du 3 décembre 2001, *TIDM Rec.* 2001, pp. 148-149).

[28] Voy. entre autres par exemple : Commission de conciliation franco-italienne, *Affaire Garibaldi*, décision n°28 du 11 juillet 1949, *RSA*, vol. XIII, p. 99 ; *Différend Bugalets « Mélinite et Lumière »*, décision n°37 du 18 mars 1950, *RSA*, vol. XIII, p. 133 ; *Affaire des Héritiers du Duc de Guise*, décision n°162 du 20 novembre 1953, *RSA*, vol. XIII, pp. 162-163 ; Commission mixte des réclamations États-Unis – Venezuela, *Affaire Turini*, 1903-1905, *RSA*, vol. IX, p. 168.

(DS18) de modestes « réunions conjointes » dans lesquelles parties, experts, témoins et groupes spéciaux sont réunis autour d'une même table et appelés chacun à prendre une part active dans la discussion[29]. Si les parties ont ainsi l'occasion de poser à tour de rôle des questions aux témoins et aux experts, c'est également le cas des groupes spéciaux, qui ne manquent pas de faire usage de la prérogative qui leur est ainsi offerte de pouvoir clarifier à souhait la portée des déclarations faites par ceux-ci. Les témoins et les experts, quant à eux, ne se contentent pas de subir l'épreuve de force d'un interrogatoire mené en bonne et due forme ; s'ils répondent évidemment lorsqu'ils le peuvent aux sollicitations des parties et des groupes spéciaux, ils interviennent encore de leur propre chef, lorsqu'ils le souhaitent et/ou que cela leur paraît utile pour éclaircir les termes du débat.

L'abandon des salles d'audience traditionnelles au profit de simples salles de conférence, la préférence donnée à la discussion – quasiment collégiale d'ailleurs – autour d'une table[30] plutôt qu'aux débats menés sous forme de plaidoiries, répliques, et dupliques rendent difficile tout affrontement entre les litigants. Comme le notait en effet M. le juge Cot, « [*d*]*ans une discussion amicale, les Parties sont obligées d'atténuer la vigueur de leurs propos, ne serait-ce que par civilité.* [...] *La réunion autour d'une table abolit* [...] *l'opposition naturellement ménagée dans une salle d'audience entre les agents de*

[29] Pour des illustrations de cette pratique des réunions conjointes, très largement inspirée de la pratique anglo-saxonne dite du « hot tubbing », *cf.* par exemple ORD, *Australie – Saumon* (DS18), rapport du Groupe spécial, p. 247 et s. ; ORD, *CE – Hormones* (DS26), annexe au rapport du Groupe spécial, p. 265 et s. ; ORD, *États-Unis – Crevettes* (DS58), rapport du Groupe spécial (1998), p. 405 et s. ; ORD, *Japon – Produits agricoles II* (DS76), rapport du Groupe spécial, annexe A, p. 148 et s. ; ORD, *CE – Amiante* (DS135), rapport du Groupe spécial, annexe 6, p. 148 et s. ; ORD, *Japon – Pommes* (DS245), rapport du Groupe spécial, annexe 3, p. 220 et s. ; ORD, *CE – Produits biotechnologiques* (DS291), rapport du Groupe spécial, annexe J , ORD, *États-Unis – Maintien de la suspension* (DS320), rapport du Groupe spécial, annexe G ; ORD, *Australie – Pommes* (DS367), rapport du Groupe spécial, annexe B-2.

[30] L'on renverra notamment aux affaires suivantes, à l'occasion desquelles il est fait référence de manière explicite à cette configuration matérielle simplifiée : ORD, *États-Unis – Crevettes* (DS58), rapport du Groupe spécial, p. 415, § 34 ; ORD, *CE – Hormones* (DS26), rapport du Groupe spécial, p. 278, § 33 et p. 410, § 855 ; ORD, *CE – Amiante* (DS135), rapport du Groupe spécial, annexe 6, p. 169, § 100 ; ORD, *CE – Produits biotechnologiques* (DS291), rapport du Groupe spécial, annexe J, § 212 ; ORD, *États-Unis – Maintien de la suspension* (DS320), rapport du Groupe spécial, annexe G, §§ 36-37.

chaque Partie »[31]. De fait, il apparaît qu'un moindre formalisme concourt indubitablement à l'établissement de relations plus apaisées et favorise la naissance d'une certaine confiance entre les acteurs de l'instance.

* * *

Le dernier mot de cette intervention reviendra à nouveau au juge Cot, ancien président de la Chambre pour le règlement des différends relatifs au milieu marin du TIDM, qui affirmait non sans une certaine sagesse il y a plusieurs décennies déjà que « *[l]a simplicité des débats n'est pas seulement une coquetterie [...] Le refus de toute pompe entraîne des conséquences réelles. [Il s'agit de] créer une atmosphère informelle, plus intime, propice à l'esprit de conciliation* »[32]. Tous les éléments que nous venons de mentionner constituent, à la lumière de cette affirmation, autant de raisons d'espérer une gestion plus satisfaisante des situations d'incertitude par le juge international à l'avenir.

---

[31] COT (J.-P.), *La conciliation internationale*, Paris : Pedone, 1968, pp. 178-179.
[32] *Id.*, p. 178.

DEUXIÈME PARTIE

LA CONFIANCE, LES INSTITUTIONS ET LA SOCIÉTÉ

La recherche de confiance entre l'administration et l'administré : une quête intarissable

Marie-Odile DIEMER

La rigueur voire l'irrationalité de l'administration sont maintes fois dénoncées par le biais de la littérature[1] ou du cinéma[2]. L'administration impose qu'elle ne peut pas mal faire tandis que l'administré pense qu'elle ne peut *que* mal faire. L'administration souffre ainsi d'une image virtuelle défavorable qui déborde sur le réel et réciproquement[3].
Dans ce contexte, l'introduction du mot confiance au sein même d'un texte législatif lors de l'entrée en vigueur de la loi n° 2018-727 du 10 août 2018 pour un État au service d'une société de confiance[4] a eu de quoi surprendre. Ce n'est pourtant pas la première fois que la confiance s'immisce dans le droit public à l'heure d'une demande accrue de transparence dans le fonctionnement des institutions de la part des gouvernés[5].

Pourtant, le terme de confiance n'a rien de juridique. Il n'est même pas une notion. On peut par exemple le rapprocher de la loyauté[6] qui implique notamment la probité. Mais ces terminologies s'apparentent à un rapport de subordination que la confiance n'inclut pas nécessairement. La sécurité juridique semble être une référence plus adaptée. Elle est définie par le Conseil d'État en 2006 comme suit :

---

[1] Pléthore d'exemples viennent à l'esprit lorsque l'on confronte littérature et administration à l'instar de Balzac, Gogol ou Kafka. L'erreur administrative est impensable et pourtant inéluctable : « *À cause de l'irrationalité de la bureaucratie brésilienne et des mesures de sécurité atteignant la paranoïa, il y avait eu une erreur* », *in* ERDOGAN (A.), *La ville dont la cape est rouge*, Babel, 2018, p. 55.
[2] On pense notamment aux films d'O. Welles, *Le Procès* (Allemagne, France, Italie, 1962) et celui de T. Gilliam, *Brazil* (Royaume-Uni, 1985).
[3] SOUDET (P.), *L'administration vue par les siens... et par d'autres*, Berger-Levrault, 1960.
[4] Loi n° 2018-727 du 10 août 2018 *pour un État au service d'une société de confiance*, JORF n°0184 du 11 août 2018.
[5] Loi organique n° 2017-1338 du 15 septembre 2017 *pour la confiance dans la vie politique*, JORF n° 0217 du 16 septembre 2017 ; Loi n° 2017-1339 du 15 septembre 2017 *pour la confiance dans la vie politique*, JORF n°0217 du 16 septembre 2017.
[6] BEDUSCHI-ORTIZ (A.), « La notion de loyauté en droit administratif », *AJDA*, 2010, p. 944 ; FERRARI (S.), HOURSON (S.), *La loyauté en droit public*, Varenne, 2018.

« *Le principe de sécurité juridique implique que les citoyens soient, sans que cela appelle de leur part des efforts insurmontables, en mesure de déterminer ce qui est permis et ce qui est défendu par le droit applicable. Pour parvenir à ce résultat, les normes édictées doivent être claires et intelligibles, et ne pas être soumises, dans le temps, à des variations trop fréquentes, ni surtout imprévisibles* »[7]. Elle permet donc de développer la confiance des administrés à l'égard de l'administration. La confiance, en elle-même, ne trouve cependant pas sa fonction en tant qu'éventuel standard[8] ou principe général du droit, et peine à cet égard à trouver une place dans les lexiques juridiques. Cet angle mort est d'autant plus prégnant en droit public[9] au sein duquel le principe de confiance légitime n'a également jamais trouvé à s'imposer en dehors du champ du droit externe[10].

Surtout, la confiance n'est généralement pas ce qui marque les relations entre l'administration et les administrés. Enseigné et diffusé comme droit inégal et vertical, le droit administratif inspire justement parfois la méfiance[11]. Une méfiance qui peut être liée à son inaccessibilité mais qui se mesure également à l'échelle des prérogatives de puissance publique dont dispose l'administration[12]. Peut-on avoir confiance en une administration qui peut modifier un contrat, qui dispose du privilège du préalable et qui peut également substituer la base légale d'une décision potentiellement illégale ?

---

7 Conseil d'État, *Sécurité juridique et complexité du droit*, Rapport public, 2006, La Documentation française.

8 RIALS (S.), *Le juge administratif français et la technique du standard (Essai sur le traitement juridictionnel de l'idée de normalité)*, 1980.

9 L'occurrence est par exemple absente du *Dictionnaire de droit public interne* (dir. M. TOUZEIL-DIVINA), LexisNexis, 2018. Le *Vocabulaire juridique* (dir. G. CORNU) précise quant à lui que la confiance est « *la croyance en la bonne foi, loyauté, sincérité et fidélité d'autrui (...). Action de se fier à autrui, ou plus précisément de lui confier une mission* ».

10 MELLERAY (F.), « La revanche d'Emmanuel Lévy ? L'introduction du principe de protection de la confiance légitime en droit public français », *Droit et Société*, 2004, p. 143 ; TARTOUR (L.), « Le principe de protection de la confiance légitime en droit public français », *RDP*, 2013, p. 307.

11 LOCHAK (D.), « Le droit administratif, rempart contre l'arbitraire ? », *Revue Pouvoirs*, Le Seuil, 1988, *Droit administratif. Bilan critique*, pp. 43-55.

12 SFEZ (L.), *Essai sur la contribution du doyen Hauriou au droit administratif français*, LGDJ, 1966 ; SAILLANT (E.), *L'exorbitance en droit public*, Dalloz, 2011 ; DELVOLVÉ (P.), « L'actualité de la théorie des bases constitutionnelles du droit administratif », *RFDA*, 2014, p. 1211 ; MELLERAY (F.), « En relisant la décision Conseil de la concurrence », *AJDA*, 2017, p. 91.

Surtout, on ne compte plus les études qui font part des mythes du droit public[13]. Peut-on avoir confiance en une institution ou en un droit qui n'est, si ce n'est un mensonge[14], une vérité déguisée ? Quoi qu'il en soit, l'essence même des règles de droit administratif est d'ailleurs traditionnellement perçue comme objective déniant un véritable statut à l'administré[15].
En dépit du renouvellement du traitement qui est opéré à l'égard de l'administré depuis plusieurs décennies[16], qui est passé de la simple qualité d'usager au citoyen à part entière[17], l'administration n'a donc pas besoin de faire confiance à l'administré. La notion de bonne foi[18] semblant parfois d'ailleurs s'effacer au profit du principe de bonne administration. Définitivement, la confiance doit donc au contraire être retrouvée au profit de l'administration de la part des administrés.

Dans cette perspective, la loi ESSOC prend un pari : celui de changer l'image figée d'une administration qui ne ferait qu'imposer pour celle d'une administration qui sait aussi dialoguer[19]. Une mesure notamment stigmatise cette inversion des perspectives : il s'agit du droit à la régularisation de l'erreur. L'administré peut ainsi se tromper, sans avoir eu l'intention de tromper. Ainsi, l'administration ne lui en tiendra pas rigueur, sous réserve bien évidemment de respecter certaines conditions particulières.
L'administration se transforme-t-elle alors en une âme charitable – qui ne fait pourtant que généraliser ce qui existait déjà en droit fiscal

---

[13] BIGOT (G.), « Les mythes fondateurs du droit administratif », *RFDA*, 2000, n° 3, pp. 527-536 ; TOUZEIL-DIVINA (M.), *Dix mythes du droit public*, LGDJ, 2019.
[14] BRAUN (A.), DERDAELE (E.), THOMASSIN (C.) (dir.), *Mensonge(s) et droit public*, Presses universitaires de Nancy, 2018.
[15] DUGUIT (L.), *Leçons de droit public général*, De Boccard, 1926, rééd. La Mémoire du droit, 2000.
[16] FOULQUIER (N.), *Les droits publics subjectifs des administrés : émergence d'un concept en droit administratif français du XIXe au XXe siècle*, Nouvelle Bibliothèque des Thèses, Dalloz, 2003 ; *Les droits publics subjectifs des administrés*, Actes du Colloque de l'AFDA de Bordeaux en 2010, LexisNexis, 2011.
[17] CHEVALLIER (J.), « De l'administration démocratique à la démocratie administrative », *RFAP*, 2011/1, pp. 217-227 ; TESTARD (C.), *Pouvoir de décision unilatérale de l'administration et démocratie administrative*, LGDJ, 2018.
[18] LOMBARD (M.), *Le rôle de la bonne et de la mauvaise foi en droit administratif français*, Thèse, 1978.
[19] VIALETTES (M.), BARROIS (C.), « Loi ESSoc, le droit à l'erreur ou le pari de la confiance », *AJCT*, 2018, p. 598.

relativement aux déclarations – ou devient-elle un véritable partenaire de l'administré, le guidant et l'accompagnant ?
La confiance induit pourtant un rapport d'horizontalité, de réciprocité qui est la marque de tout échange mutuel. Concernant les rapports entre l'administration et les administrés il s'agit plutôt d'un rapport vertical inégal. La confiance est en effet descendante lorsque l'administration permet, concède et octroie à l'administré. Seulement ce type de confiance se trouve détournée. Avoir confiance, est-ce seulement être tolérant ? La complaisance n'est-elle pas finalement la marque des relations entre l'administration et les administrés ?
D'une substance impalpable, la confiance en droit public est alors surtout inidentifiable. Tantôt question de langage et de vocable plus ou moins bien choisi pour relater la relation administration/administrés, elle se retrouve comme symbole d'une campagne d'affichage à travers la loi ESSOC, et peine à s'imposer comme symptôme d'une vraie transformation ou la substance d'un nouveau principe en droit administratif qui réussirait à s'imposer.

La confiance en droit public devient alors l'objet d'une quête de la part de l'administration. Cette quête, au regard des évolutions passées et actuelles, se présente comme vaine, et illusoire. La confiance peut-elle vraiment exister entre une administration sur puissante et des administrés souvent désarmés ? La problématique est certainement renouvelée par la transformation de la forme de l'administration elle-même. L'interlocuteur administratif ayant lui-même changé, passant d'agents physiques à des logiciels informatiques. D'une quête insaisissable (I), la recherche de la confiance en droit public doit surtout mieux s'orienter et révèle ainsi une quête insatiable en la matière (II).

I. La confiance entre l'administration et l'administré : une quête insaisissable

La confiance rôde en droit administratif. Tel un spectre errant, elle tente de s'accrocher aux relations entre l'administration et l'administré. Quête apparemment insondable, elle se manifeste plutôt en une forme de complaisance de la part de l'administration. Cette mansuétude se matérialise par un courant vertical descendant. Elle se réalise grâce à une multitude de techniques dont dispose l'administration pour permettre à l'administré de moins ressentir les effets de la rigueur administrative à travers une bienveillance plus ou moins développée (A). Cette volonté de transformer les relations entre l'administration et l'administré s'est d'ailleurs particulièrement épanouie dans le domaine du droit fiscal où la matière même incite à des rapports sans cesse renouvelés (B).

A. La multiplication des régimes juridiques relatifs à la bienveillance de l'administration : une confiance modérée de l'administré envers l'administration

La relation de confiance est-elle tout simplement impossible à matérialiser et identifier ? L'ensemble des mécanismes relatifs à la bienveillance de l'administration est en effet éloigné de ce que l'on peut véritablement considérer comme de la confiance. L'administration chercherait-elle à « amadouer » l'administré grâce à certains régimes de faveurs qu'elle développe ? Ou au contraire démontre-t-elle avec éclat sa propre bonne foi à travers le concept de diligence ?

1. La faveur de l'administration, un moyen pour obtenir les faveurs de l'administré ?

L'administration octroie, tolère, concède, accorde, ou encore favorise. Ces faveurs sectorielles sont-elles le signe de la confiance que l'administration accorde aux administrés ou le premier pas de la redécouverte de la confiance de la part des administrés envers l'administration ? Savoir que ces soupapes de souplesse existent, permet certainement aux administrés de dédramatiser la rigueur et l'automatisme de l'administration.

Pourtant, il est tout aussi difficile de définir la confiance en droit que certains régimes de faveur qui irriguent le fonctionnement du droit administratif. L'emploi même du mot « faveur » est-il exact ? Induisant un régime de préférence, et démontrant avec éclat l'étendue du pouvoir discrétionnaire de l'administration, la faveur reste un concept à manier avec précaution[20].

À cet égard, Fanny Grabias rappelle également la difficulté de cerner la notion de tolérance administrative au regard de la proximité notionnelle dont elle fait l'objet avec l'inertie ou la dérogation par

[20] GUGLIELMI (G.) (dir.), *La faveur et le droit*, PUF, 2009.

exemple[21]. La délimitation des notions, la précaution nécessaire dans l'emploi des mots se révèle être un défi capital pour comprendre les rouages de l'action administrative qui semblent se déployer en dehors des cadres et des cas classiques du droit administratif. La tolérance administrative est ainsi définie : « *il y a tolérance administrative lorsque l'administration s'abstient volontairement d'utiliser les moyens dont elle dispose pour sanctionner une illégalité commise par un administré* ».

La délimitation se réalise dans ce cas par l'abstention volontaire de l'action administrative. En s'abstenant d'intervenir de manière automatique, l'administration obtient les faveurs de l'administré, qui sait qu'il ne subira pas les foudres de la puissance publique dans certains cas.

Autres cas de « faveur » plus flagrants, il s'agit des mesures gracieuses[22]. Elles se déploient, quant à elles, dans le cadre d'une action précise de l'administration et non de son abstention. L'administration accorde en effet volontairement un bénéfice ou un avantage à l'administré. Elles se distinguent également par leur extrême diversité et la difficulté de bien les délimiter[23]. En droit fiscal, la grâce s'intègre pourtant dans un régime juridique bien identifié, il s'agit de ce que l'on nomme « la juridiction gracieuse »[24]. Selon l'article 247 du Livre des procédures fiscales, l'administration peut notamment attribuer aux contribuables des remises totales ou partielles d'impôts directs lorsque, selon les termes du code, ce dernier se retrouve dans une situation de « gêne et d'indigence ». La juridiction gracieuse en droit fiscal incite l'administration à statuer en équité et à prendre en compte la particularité de la situation du contribuable.

---

[21] GRABIAS (F.), *La tolérance administrative*, Dalloz, Nouvelle Bibliothèque des Thèses, 2018 ; GRABIAS (F.), « Contribution à une définition de la notion de tolérance administrative », *in* BIOY (X.), LAVERGNE (B.), SZTULMAN (M.) (dir.), *Tolérance et droit*, LGDJ, 2014, p. 25. Voir aussi : TALLINEAU (L.), « Les tolérances administratives », *AJDA* 1976, p. 3.

[22] GONOD (P.), « Les mesures gracieuses dans la jurisprudence du Conseil d'État », *RDP* 1993, p. 1351.

[23] FOUBERT (A.), « Les mesures purement gracieuses », *in* JACQUINOT (N.) (dir.), *Le don en droit public*, LGDJ, 2013, p. 51.

[24] COQ (V.), « La notion de juridiction gracieuse en droit fiscal », *RDP* 2015, p. 389.

Toutes ces techniques s'intègrent donc dans la perspective de bienveillance dont fait preuve l'administration. Que cette bienveillance soit le résultat d'une abstention ou d'une action, elle est certainement un vecteur d'un maintien ou d'un retour confiance de l'administré envers l'administration. Cette bienveillance se déploie également sur le terrain de la diligence de l'administration.

2. *La diligence, facteur nouveau de bienveillance de la part de l'administration*

À l'instar de la tolérance administrative, la diligence ne reçoit pas de définition précise. Elle n'a d'ailleurs que trop peu fait l'objet d'une réflexion d'ensemble comme en a pu bénéficier la tolérance administrative[25]. Elle peut cependant être comprise comme une obligation faite à l'administration d'accomplir ses missions avec efficacité et osera-t-on dire, avec bon sens[26].
L'administration ne se permet pas, – comme elle le fait notamment dans le cadre de la tolérance ou des mesures gracieuses –, elle se trouve au contraire contrainte par le biais des diligences. Elle se doit ainsi d'agir dans un sens déterminé et de prendre les précautions nécessaires pour appliquer au mieux la norme.
À cet égard, la diligence rejoint l'idée de bienveillance et a particulièrement été mise sur le devant de la scène par le prisme de la loi ESSOC. En effet, la diligence est consacrée dans un titre du Code des relations entre le public et l'administration dont le contenu a été renforcé en 2018. Il faut ainsi se référer aux articles L. 114-1 du CRPA et suivants pour appréhender ces diligences. Ainsi, certains articles sont consacrés aux demandes de régularisation des dossiers incomplets ou irréguliers (articles L. 114-5 et suivants), ou encore l'échange de données entre administrations (articles L. 114-8 et suivants) mais aussi l'intégration depuis 2018 des certificats d'information (articles L. 114-11 et suivants).

---

[25] On notera tout de même l'étude panoramique de ROUJOU DE BOUBÉE (P.), « La diligence de l'administration », *RFDA* 2019, p. 301.
[26] « *Soin apporté, avec célérité et efficacité, à l'accomplissement d'une tâche* (…) » *in* CORNU (G.) (dir.) *Vocabulaire juridique*, PUF, collection Quadrige.

D'une confiance ponctuelle par le biais de la faveur à une confiance généralisée par le biais de la diligence, c'est cependant surtout à travers les finances publiques et le droit fiscal que les exemples récents sont à trouver pour mieux comprendre les outils qui favorisent le climat de confiance qui doit imprégner les relations entre l'administration et les administrés.

B. Le droit fiscal comme laboratoire d'un retour de confiance réciproque entre administration et administré

L'administration fiscale est perçue comme un objet de méfiance par principe. L'image de l'administration fiscale est défaillante en soi. L'administré revêt dans ce contexte la qualité de contribuable et se trouve redevable de l'État.

Renouveler la confiance entre l'administration et le contribuable est une quête sans cesse reconduite sans qu'aucun gouvernement ne soit parvenu à trouver la solution idoine et un équilibré satisfaisant pourtant depuis des décennies, si ce n'est des siècles, réclamé[27].

La volonté de l'administration dans ce domaine n'est pourtant pas à blâmer. Particulièrement active et inventive, elle renouvelle sans cesse les moyens de retrouver la confiance auprès de ses administrés que ce soit par le biais de simples outils de dialogue ou la consécration de principes cardinaux.

1. La multiplication des outils de dialogue entre administration et contribuable

Avant d'employer des moyens juridiques, l'administration recourt à des outils de communication générale, qui favorisent l'information, l'accessibilité. À l'ère d'Internet, l'administration est aidée dans cette perspective par la dématérialisation des informations à l'instar du BOFIP (Bulletin officiel des finances publiques) et la multiplication des lieux d'informations comme les sites internet ou les comptes Twitter des ministres. Ces outils renforcent la confiance des administrés à l'égard de l'administration. Savoir est en effet déjà un premier pas vers la confiance. La transparence guide ainsi

---

[27] Delalande (N.), *Les Batailles de l'impôt. Consentement et résistances de 1789 à nos jours*, Seuil, 2014.

le renouvellement de la confiance. Mais outre ces outils de communication, il existe de véritables outils juridiques afin de renforcer les liens entre administration et contribuables. À cet égard, la place de rescrit est grandissante et particulièrement précieuse pour renforcer le dialogue. Encadré notamment par les articles 80 A et B du Livre des procédures fiscales, le rescrit fiscal est une réponse de l'administration aux questions concernant généralement l'interprétation d'un texte fiscal, ou plus particulièrement sur l'interprétation d'une situation de fait au regard du droit fiscal. Cette demande de renouvellement des relations entre l'administration et les administrés est d'ailleurs appelée de leurs vœux depuis les travaux de la commission Aicardi[28] et le fameux rapport Fouquet[29], qui servent toujours de références et de points d'appui pour rappeler la nécessité de modifier les relations administration/administrés.

En dépit de ces outils, l'image peu reluisante de l'administration peut-elle se transformer véritablement ? La contestation semble être figée dans l'ADN du contribuable. Les crises fiscales sont à cet égard récurrentes. En dépit de cette pérennité de la contestation, le droit fiscal et le droit financier ont intégré des garde-fous à leur fonctionnement grâce notamment aux principes de sincérité et de sécurité.

2. *Sincérité budgétaire et sécurité juridique : deux principes indispensables pour renouveler la confiance du contribuable*

Infuser la confiance dans les relations doit donc toujours être poursuivie et nourrie en gardant à l'esprit que la soif de transparence totale de la part des contribuables ne pourra jamais être rassasiée. Pourtant deux principes se sont développés, il s'agit du principe de sincérité budgétaire et du principe de sécurité juridique.

---

[28] Loi n°87-502 du 8 juillet 1987 dite « AICARDI » modifiant les procédures fiscales et douanières, JORF, 9 juillet 1987.

[29] FOUQUET (O.), *Améliorer la sécurité juridique des relations entre l'administration fiscale et les contribuables : une nouvelle approche*, La Documentation française, 2008.

Le premier répond à une exigence logique rattachée à la présentation des finances publiques[30]. En effet, si la confiance doit être établie elle ne peut le faire que grâce à l'exhaustivité, la cohérence et l'exactitude des informations financières qui sont fournies par l'État. Le principe de sincérité vient donc s'ajouter aux grands principes budgétaires que sont l'annualité, l'universalité, la spécialité et l'unité. L'exigence de sincérité est cependant assez récente puisqu'elle est apparue dans la jurisprudence du Conseil constitutionnel en 1994[31].

Elle a ensuite été formalisée par l'article 32 de la Loi organique sur la loi de finances (LOLF), qui concerne l'État et dispose que « *les lois de finances présentent de façon sincère l'ensemble des ressources et des charges de l'État. Leur sincérité s'apprécie compte tenu des informations disponibles et des prévisions qui peuvent raisonnablement en découler* ». La LOLF consacre également la sincérité comptable en son article 27 en ces termes : « *Les comptes de l'État doivent être réguliers, sincères et donner une image fidèle de son patrimoine et de sa situation financière* ».

Mais ce n'est qu'en 2008 que le constituant a introduit un article 47-2 qui consacre le principe de sincérité au plus haut niveau des normes juridiques de l'État, en proclamant que : « *Les comptes des administrations publiques sont réguliers et sincères. Ils donnent une image fidèle du résultat de leur gestion, de leur patrimoine et de leur situation financière* ».

La sincérité affichée n'est-elle pas cependant la sincérité déguisée ? On peut à cet égard formuler les mêmes critiques qu'à l'encontre du principe d'équilibre budgétaire à l'égard duquel certains ont pu évoquer sa vanité[32] ou son caractère insaisissable[33] même s'il s'inscrit dans une volonté de moderniser le mode de gestion des finances publiques de l'État. Toutefois, de cette démarche affirmée de

[30] Dossier, *Le principe de sincérité budgétaire*, *RFFP*, 2010, n° 111.

[31] Cons. Constit. Décision n° 94-351 DC du 29 décembre 1994.

[32] BOUVIER (M.), « Les représentations théoriques de l'équilibre budgétaire : Essai sur la vanité d'un principe » *in* TALLINEAU (L.) (dir.), *L'équilibre budgétaire*, Economica, 1994, p. 23.

[33] PARIENTE (A.), « L'équilibre budgétaire : un principe juridique insaisissable ? », *RFFP*, nov. 2010, p. 163.

renouvellement de la confiance découle un constat en demi-teinte au regard du manque d'effectivité du principe[34].

Concernant la sécurité juridique, la littérature juridique à ce sujet est intarissable[35]. Elle l'est tout autant lorsqu'il s'agit de la réduire au périmètre délicat des relations entre l'administration fiscale et le contribuable[36]. L'administré ou le contribuable ont particulièrement besoin d'accompagnement. Ils réclament une compréhension des normes et même s'ils ne bénéficient pas de droits acquis au changement d'une norme, ils doivent pouvoir mieux appréhender ces mouvements. À partir de là, c'est tout un champ lexical qui tourne autour de la sécurité juridique, qu'on se plaît à qualifier de principe à multiples facettes. Sa clé d'entrée est pourtant unique : il s'agit de la compréhension. De cette compréhension découle l'intelligibilité et l'accessibilité des normes notamment. La sécurité juridique est donc une sorte de pacte implicite que l'administration réalise avec ses administrés. Si elle ne peut pas – et ne doit pas – se défaire de l'ensemble des prérogatives qui sont les siennes, elle doit les exercer avec prudence et s'astreindre à garder comme guides tout ce qui gravite autour du principe de sécurité juridique.

Le droit fiscal démontre donc qu'il peut se présenter comme un laboratoire satisfaisant pour renouveler la confiance entre l'administration et l'administré. Toutefois, ce laboratoire peut également se présenter comme défaillant. En effet, le droit fiscal est également le terrain de mesures ambiguës. À peine la loi ESSOC avait fini d'être commentée, qu'un dispositif législatif de lutte contre la

---

[34] CATTEAU (D.), « En finir avec le mensonge budgétaire ? Réflexions sur le principe de sincérité », *in* BRAUN (A.), DERDAELE (E.), THOMASSIN (C.) (dir.), *Mensonge(s) et droit public*, précité, p. 217 ; KRUGER (F.), « Où mènent les débats sur la sincérité du budget et des comptes de l'État ? », *AJDA*, 2017, p. 1758.

[35] Conseil d'État, Rapport public annuel, 1991, *De la sécurité juridique*, La Documentation Française, 1991 ; VALEMBOIS (A.-L.), « La constitutionnalisation de l'exigence de sécurité juridique en droit français », *Cahiers du Conseil constitutionnel*, n° 17, mars 2005, p. 1 ; CAMBY (J.-P.), « Sécurité juridique et insécurité jurisprudentielle », *RDP*, 2006, n° 6, p. 1505 ; MATHIEU (B.), « Le principe de sécurité juridique entre au Conseil d'État », *AJDA*, 2006, p. 841.

[36] BOYER (A.), SCHMITT (S.) (dir.), *La sécurité juridique et le contribuable*, PUAM, 2016.

fraude fiscale était adopté[37]. Ainsi, à l'heure où nous écrivons, un service d'enquête judiciaire des finances a été inauguré[38]. Ces messages contradictoires ne favorisent pas un climat de confiance apaisé et font de cette recherche de confiance une quête insatiable.

II. La confiance entre l'administration et l'administré : une quête insatiable

A. Le droit à la régularisation de l'erreur : un véritable renversement des perspectives ?

C'est certainement la mesure phare de la loi ESSOC, celle qui a fait couler le plus d'encre et celle qui symbolise la confiance telle qu'affichée au fronton de cette loi. Le droit à l'erreur, tel que vu par les journalistes, doit être strictement entendu comme un droit *à la régularisation* de l'erreur. Symbole de la bonne foi du contribuable, l'importance de cette nouvelle venue doit cependant être relativisée.

1. Le mécanisme du droit à la régularisation de l'erreur

À part l'erreur manifeste d'appréciation, à la charge de l'administration, l'erreur en droit public est peu développée[39]. Inclure un droit à l'erreur au bénéfice même de l'administré a ainsi donné l'impression d'une vraie révolution[40]. Il s'agit des articles L. 123-1 et L. 123-2 du CRPA qui consacrent et généralisent ce droit à la régularisation de l'erreur. Ainsi, « *une personne ayant méconnu pour la première fois une règle applicable à sa situation ou ayant commis une erreur matérielle lors du renseignement de sa situation ne peut faire l'objet, de la part de l'administration, d'une sanction, pécuniaire ou consistant en la privation de tout ou partir d'une prestation due, si elle régularisé sa situation de sa propre initiative ou après avoir été invitée à le faire par l'administration dans le délai que celle-ci lui*

---

[37] Loi n° 2018-898 du 23 octobre 2018 relative à la lutte contre la fraude, JORF 24 octobre 2018.

[38] Le service d'enquêtes judiciaires des finances (SEJF) a été créé le 1er juillet 2019 au sein du ministère de l'Action et des Comptes publics à partir du service national de douane judiciaire (SNDJ).

[39] Vidal-Naquet (A.) (dir.), *L'erreur en droit public*, PUAM, 2015.

[40] Perrin (A.), Vidal-Naquet (A.), « Quel droit à l'erreur ? », *AJDA,* 2018, p. 1837.

a indiqué ». Ces dispositions permettent de généraliser ce qui existait déjà dans le cadre des procédures fiscales par le biais de l'article 62 du LPF qui régit la procédure de régularisation spontanée du contribuable non seulement de ses erreurs, mais aussi de ses inexactitudes, omissions, ou insuffisances. Le CRPA ne réalise pas tant de nuances et parle de « méconnaissance » ou d'erreur matérielle.
La majorité de la doctrine qui s'est précipitée sur le commentaire de ces dispositions, rappelle à juste titre le champ d'application large de ce droit à l'erreur de par le nombre élargi des titulaires et de par la portée générale de son application, au delà des déclarations fiscales[41]. Depuis, un site spécialement dédié à ce droit à l'erreur a été créé. Il répond au nom original de « *oups.fr* » et permet de comprendre la portée et le mécanisme de ce droit à l'erreur.

La bonne foi irrigue l'esprit et la lettre des textes étant donné que le droit à régularisation ne pourra pas s'exercer face à des erreurs grossières ou délibérées. L'administration tolère au final la maladresse ou l'étourderie mais ne peut s'abstenir de sanctionner la manœuvre frauduleuse. Une présomption de bonne foi pèse en effet sur l'administré dont la charge de la preuve ne lui appartient pas. Cette bonne foi se mesure également à l'élément temporel inséré dans la loi puisque l'erreur doit être unique et réalisée pour la première fois. Une erreur répétée n'est ainsi plus une erreur mais une intention délibérée de tromper.

Face à la complexité croissante du droit, le droit à la régularisation de l'erreur se présente donc comme une procédure bienvenue et surtout qui permet de renouveler la confiance entre l'administration et les administrés. Pourtant, le droit à régularisation est loin d'être parfait et souffre de nombreuses exceptions.

2. *Un mécanisme logiquement limité*

Outre la nécessité d'être dans une situation d'erreur « pour la première fois », et de ne pas être dans la situation de mauvaise foi, le cadre du droit à l'erreur est rigoureusement fixé par l'article L. 123-1 du CRPA. Ainsi, sont prévus un certain nombre de cas dans lesquels le mécanisme ne pourra pas jouer. C'est notamment dans le périmètre

[41] PLESSIX (B.), « Le droit à l'erreur et le droit au contrôle », *RFDA,* 2018, p. 847.

de certains domaines que les sanctions ne peuvent pas être remises en cause. Il s'agit des sanctions requises pour la mise en œuvre du droit de l'Union européenne, des sanctions prononcées en cas de méconnaissance des règles préservant directement la santé publique, la sécurité des personnes et des biens ou l'environnement. Il s'agit également des sanctions directement prévues par un contrat et enfin des sanctions prononcées par les autorités de régulation à l'égard des professionnels soumis à leur contrôle. Surtout, seules les erreurs régularisables sont concernées. En effet, passés les délais prévus par les textes, la prescription ne peut pas souffrir d'exceptions.

La quête de confiance se poursuit malgré les messages contradictoires envoyés par l'administration entre protection et répression. L'équilibre est en effet compliqué pour ne tomber ni dans le laxisme, ni dans la punition automatique.

Toutefois, l'administration doit également faire face à un nouveau défi : celui de l'avènement des nouvelles technologies qui la conduisent à renouveler la confiance auprès des administrés alors que cette dernière se trouve désincarnée.

B. LA DÉSINCARNATION DE L'ADMINISTRATION : UNE CONFIANCE À RENOUVELER

Les colloques et les revues juridiques regorgent depuis quelques mois de nouveaux sujets d'études en lien avec les nouvelles technologies et particulièrement concernant la justice prédictive[42]. Ainsi, les néologismes et anglicismes à l'instar des legal tech, du webscraping, ou encore du data mining s'amoncèlent dans les revues. La dématérialisation[43] ne serait que la première étape d'une potentielle substitution des machines à l'homme. L'automaticité de certaines tâches pourrait ainsi être aisément réalisée par des « robots » ou du moins des logiciels perfectionnés. La démultiplication des possibilités d'accès aux données personnelles permet également, grâce

---

[42] CLÉMENT (M.), « Algorithmes au service du juge administratif, peut-on en rester maîtres ? », *AJDA,* 2017, p. 2453 ; DUCLERCQ (J.-B.), « Les algorithmes en procès », *RFDA*, 2018, p. 131.

[43] RENARD (S.) (dir.), *La dématérialisation des procédures administratives*, Mare et Martin, 2017.

à l'incursion des algorithmes, de renforcer par exemple les contrôles fiscaux.

Ce renouveau du fonctionnement de l'administration incite cette dernière à trouver de nouveaux outils pour renouveler la confiance. À cet égard, si certains ont pu aller jusqu'à parler d'« algocratie », cette mainmise des algorithmes ne doit certainement pas être négligée, ni amplifiée.

1. L'essor de l'administration numérique

Le numérique s'immisce absolument dans tous les domaines et toutes les matières[44]. Le phénomène est particulièrement saillant au niveau de l'administration fiscale. Également couplée à la problématique de la « souveraineté numérique »[45], de nouveaux défis doivent être relevés par l'administration. Ces défis sont désormais énumérés de façon classique et logique à savoir : renouveler les services à l'égard des usagers, maîtriser de nouvelles interfaces, et en définitive pouvoir s'adapter. Toutefois l'adaptation doit être rapide, et les agents parfois peuvent être dépassés par la rapidité avec laquelle la technologie avance et par la multitude de techniques nouvelles dont la liste ne cesse de s'allonger. Lorsque la nouvelle technologie est au service de l'administré, notamment par le biais de la dématérialisation elle est vue comme un avantage, mais lorsque la nouvelle technologie est au service exclusif de l'administration dans la perspective de surveiller les administrés, alors cette dernière est vue comme un objet de méfiance qu'il faut contenir. Là encore, la transparence de l'administration doit être un objectif sans cesse maintenu. *A contrario*, l'algorithme deviendra le seul interlocuteur de l'administré qui se trouvera totalement désarmé.

2. Vers une « algocratie » et une perte de confiance ?

Ce néologisme, digne d'un roman de science-fiction commence à prendre forme au regard de l'essor des algorithmes[46]. Ces derniers se définissent comme « *[u]n ensemble de règles opératoires propres à*

---

[44] AUBY (J.-B.), « Le droit administratif face aux défis du numérique », *AJDA*, 2018, p. 835.

[45] TÜRK (P.), VALLAR (C.) (dir.), *La souveraineté numérique*, Mare et Martin, 2018.

un calcul ; une suite de règles formelles ». Ainsi, par le prisme de l'« algocratie », les algorithmes seraient les nouveaux outils de gouvernance et l'ensemble des activités humaines ne se définiraient et ne se résoudraient que par le biais de l'algorithme.
Si l'essor des technologies issues de l'intelligence artificielle ne doit pas systématiquement être dévalué et craint, il faut se méfier de l'usage qui en est fait.
La problématique majeure de ces algorithmes est en effet leur absence de neutralité. Ils sont en effet façonnés en fonction des données actuelles, et peuvent renfermer des biais négatifs, humains. L'absence de leur transparence conduit ainsi à étouffer la démocratie, puisque la discussion autour de leur conception est inexistante.
L'algorithme peut se présenter alors comme une solution magique, au regard de la facilité et la rapidité avec lesquelles il fonctionne et les impressionnants résultats auxquels il parvient. Toutefois, il ne faudrait pas que l'« algocratie » règne, au prix d'une diffusion des données personnelles qui ne seraient plus contenue.
D'ailleurs, l'administration peut ainsi recourir aux nouvelles technologies afin de « profiler » ses usagers et notamment les contribuables frauduleux. C'est sur l'administration fiscale que la question est souvent braquée. En effet, dans une perspective saine, à savoir lutter contre la fraude fiscale, l'administration se permet d'être particulièrement intrusive grâce à la dématérialisation des données ou l'aide des réseaux sociaux. Le *data mining*[47] est notamment une technique de « fouilles de données » qui permet de cibler et d'extraire les données pertinentes pour satisfaire la mission de ciblage des contrôles[48] qui transforme totalement la relation entre l'administration et le contribuable et plus généralement tous les administrés qui ne deviennent qu'une somme de données à disposition de l'administration.

---

[46] DUCLERCQ (J.-B.), « Le droit public à l'ère des algorithmes », *RDP*, 2017, p. 1401 ; MOURIESSE (E.), « L'opacité des algorithmes et la transparence administrative », *RFDA*, 2019, p. 45.
[47] Délégation nationale à la lutte contre la fraude (DNLF), *Le « data mining », une démarche pour améliorer le ciblage des contrôles*, site du Ministère de l'Économie et des Finances, 14 janvier 2014.
[48] Voir à ce propos : LEQUESNE-ROTH (C.), « La science des données numériques au service du contrôle fiscal français. Réflexions sur l'algocratie » in PARIENTE (A.) (dir.), *Les chiffres en finances publiques*, Mare et Martin, 2019.

L'administration relève donc un nouveau défi : celui de donner confiance dans le numérique.

* * *

La confiance ne se décrète pas. Elle se conquiert. À cette ambition, l'administration fournit un nombre infini d'outils, de procédures afin de restaurer le dialogue et permettre de meilleures relations entre elle et ses administrés. Mais l'emploi du terme de confiance reste problématique. Elle peut certes se dissimuler au travers de certaines procédures de bienveillance de la part de l'administration ou être tapie dans l'ombre du principe de sécurité juridique[49]. Toutefois, il est délicat de l'employer telle quelle. L'administré, qu'il soit usager, citoyen, contribuable ou requérant doit pourtant pouvoir s'assurer également des bonnes dispositions de l'administration. Un terme qui ramasserait ces exigences de loyauté, de sécurité ou de diligences est difficile à trouver. La sincérité et la confiance sont les termes qui viennent comme un réflexe. Même s'ils ne sont pas forcément adaptés à toutes les situations et que la quête d'un mot adéquat est perpétuelle, il reste fondamental que la quête de transparence entre l'administration et l'administré soit sans cesse recherchée qui doit se garder de toute automaticité.

[49] Ce dernier a pourtant déjà été l'occasion pour le Conseil d'État de protéger l'administration et non l'administré entraînant une perte de confiance certaine à l'égard du requérant : CE, ass., 13 juill. 2016, *Jan Czabaj*, n° 387763, Rec. p. 340 avec les concl. ; BONICHOT (J.-C.), CASSIA (P.), POUJADE (B.), *Les grands arrêt du contentieux administratif*, Dalloz, 6ème éd., 2017, n° 38 ; *AJDA* 2016, p. 1629, chron. L. DUTHEILLET DE LAMOTHE ET G. ODINET ; *AJFP* 2016 p. 356 ; *AJCT*, 2016, p. 572, obs. M.-C. ROUAULT ; *RFDA* 2016, p. 927, concl. O. HENRARD ; PAULIAT (H.), *JCP A*, 2016, 2236 ; LE BOT (O.), *JCP A* 2017, 2053.

La confiance a-t-elle une place en droit du travail ?

Christine GAILHBAUD

Poser la question de la place de la confiance en droit du travail peut passer pour de la provocation. En réalité, elle révèle un paradoxe.

Pourquoi s'interroger sur la place de la confiance en droit du travail, matière ayant vocation à régir un contrat à fort *intuitus personae*, à l'occasion duquel la confiance mutuelle que se portent les parties entre elles parait constituer la base de l'échange de consentement ? On serait tenté de répondre que la confiance occupe une place centrale en droit du travail et ne peut qu'être omniprésente. Le paradoxe se trouve dans l'absence totale du terme confiance dans le Code du travail et va si loin que la perte de confiance est même un phénomène rejeté par le droit du travail en étant exclue du motif de licenciement. On trouve d'ailleurs peu d'écrits sur la confiance en droit du travail.

On pourrait même penser que le droit du travail serait animé par une aversion à l'égard de la notion de confiance. L'ordre public social a bien été forgé en regard de la défiance que suscite l'employeur considéré comme la partie forte au contrat de travail et dont les décisions sont susceptibles de porter atteinte aux droits et libertés du salarié. Un droit du travail s'est construit non sur la confiance mais à partir de la défiance à l'égard de l'une des parties.

Un tel constat est étonnant lorsqu'on envisage la juridicité de la notion de confiance dans d'autres matières. On songe au droit de l'Union européenne qui a fait du principe de protection de la confiance légitime un principe autonome. En droit interne, le libellé de nombreuses lois contient le terme de confiance : les règles régissant les rapports entre l'État, l'administration et les citoyens ou usagers[1], le droit de l'économie numérique[2]... la juridicité de la confiance présenterait un degré variable en fonction de la matière concernée.

---

[1] Loi n° 2018-727 du 10 août 2018 pour un État au service d'une société de confiance.
[2] Loi n° 2004-575 du 21 juin 2004 pour la confiance dans l'économie numérique.

Des travaux ont conduit à se pencher sur la notion de confiance en droit des contrats[3], « l'âme des contrats »[4].

Qu'en est-il réellement en droit du travail alors, d'une part, que l'on ne peut écarter le besoin consubstantiel de confiance entre les parties dans la relation de travail, et que, d'autre part, le contrat de travail est un contrat ?

Pour tenter de répondre, encore faut-il savoir ce que recouvre le terme de confiance. La confiance désigne un sentiment, une croyance, celle consistant dans le fait de se fier à autrui. Il s'agit d'un état d'esprit d'une partie à l'égard d'une autre ou d'un citoyen à l'égard des institutions de l'État, des administrations… En droit, la confiance est rarement envisagée seule. Elle est souvent définie par opposition ou par référence à d'autres notions connues : bonne foi, loyauté, fidélité... Il est difficile d'appréhender un sentiment, une croyance, en droit. La confiance ferait partie de ces notions insaisissables dont la juridicité dans un principe général ne peut être reconnue mais dont la présence est essentielle. Même Robinson sur son île a besoin de confiance.

Il s'agirait alors d'un fait incapable de juridicité en droit du travail. À elle seule, en effet, la confiance ne pourrait suffire à régir les relations de travail. D'autres considérations sont prises en compte : le caractère alimentaire de la créance salariale, l'atteinte aux droits et libertés du salarié proportionnée au but recherché… Il ne s'agit plus d'envisager le contrat à l'aune de la confiance entre les parties mais le respect d'un ordre public social. Quelle place, à partir de ces constatations, peut avoir la confiance en droit du travail ? Celle-ci apparaît nécessaire à la relation de travail mais insuffisante à la régir. Il s'agirait de préserver ce sentiment, cette croyance, entre les parties au contrat de travail que ce soit dans les relations individuelles ou dans les relations collectives à travers les dispositions législatives ou réglementaires qui régissent la matière. Du côté de l'employeur, le sentiment de confiance juridiquement protégé aurait pour corollaire le

---

[3] CHIREZ (A.), *De la confiance en droit contractuel*, 1977, Nice ; BENABOU (V. L.), CHAGNY (M.) (dir.), *La confiance en droit privé des contrats*, Dalloz, Thèmes et commentaires, 2008.

[4] Expression empruntée au Doyen Cornu.

principe de sécurité juridique[5]. Il s'agit là de la confiance de l'employeur dans l'application des règles du droit social.

La confiance pourrait-elle dès lors être source de droit dans la relation de travail ? L'inverse semble s'être produit en la matière : c'est à partir de la méfiance à l'égard des agissements de l'employeur que le droit du travail s'est construit. L'objectif n'est pas de préserver la confiance du cocontractant qu'est le salarié, mais de le protéger en cas de manquement de l'employeur. On distingue toutefois une nette évolution depuis un certain nombre d'années : si le point de départ des règles permettant de préserver la confiance est celui de la défiance à l'égard de l'employeur, partie forte au contrat de travail, ces règles ont évolué vers des marques de confiance à l'égard des cocontractants dans la relation de travail. La méfiance inhérente à la relation de travail comme source de droit (I) n'a pas empêché la promotion de la confiance dans l'accord en droit du travail (II).

I. La méfiance inhérente à la relation de travail comme source de droit

Le droit du travail a été forgé à partir de la méfiance à l'égard de l'employeur considéré comme partie forte au contrat : cette construction s'est incarnée à la fois dans les relations individuelles (A) et dans les relations collectives de travail (B).

A. Dans les relations individuelles

De la conclusion à la cessation du contrat de travail, de nombreuses règles spécifiques au droit social ont vocation à protéger le salarié contre certaines décisions de l'employeur. Il en va ainsi dès le stade du recrutement dont les conditions sont prescrites par le Code du travail[6]. Il en est de même lors de la conclusion du contrat de travail à travers non seulement les différentes obligations de l'employeur mais

[5] Loi du 10 août 2018 préc. : le rescrit social ; Ord. n° 2017-1387 du 22 septembre 2017 : les barèmes d'indemnisation prud'homale.
[6] C. trav. art. L. 1221-6 à L. 1221-9.

également, un formalisme imposé dès lors que la relation de travail peut constituer une source d'atteinte aux droits et libertés du salarié[7].

Le principe d'intangibilité du contrat de travail vient protéger, tout au long de son exécution, les termes du contrat en interdisant toute modification unilatérale de l'employeur imposée au salarié. Au cours de l'exécution du contrat de travail, par le jeu de la présomption, l'accent est mis sur l'obligation de sécurité de l'employeur dont la faute inexcusable sera présumée si ce dernier ne traite pas l'exercice par l'instance représentative du personnel du droit d'alerte en cas de danger grave et imminent, lorsque survient l'accident du travail.
Toute décision ou mesure prise par l'employeur qui peut avoir un effet sur le contrat de travail ou la situation du salarié dans l'entreprise, conduit à l'application de règles procédurales encadrant les décisions prises par l'employeur : il s'agit de l'exercice du pouvoir disciplinaire ou du droit de rompre unilatéralement le contrat de travail, à travers le droit du licenciement. La disposition prévoyant qu'en matière de licenciement, le doute profite au salarié[8], constitue bien une marque de la défiance faite à l'employeur ou plus exactement de la confiance faite au salarié.

B. DANS LES RELATIONS COLLECTIVES DE TRAVAIL

Le droit applicable aux relations collectives de travail est jalonné de dispositions témoignant de la défiance faite à l'employeur. Les représentants du personnel qui ne seraient pas suffisamment informés dans le cadre de l'exercice de leurs attributions et spécialement celles de la consultation, peuvent saisir le juge pour trancher la difficulté liée à cette insuffisance et, le cas échéant, obtenir une injonction faite à l'employeur de procéder à l'information nécessaire.

De longue date, le droit du travail, quelles que soient les dernières réformes, encadre la loyauté exigée dans le cadre de la négociation collective en interdisant à l'employeur, tant que la négociation collective est en cours, dans la matière traitée par cette négociation,

---

[7] V. par ex. : en matière de contrat à durée déterminée, rédaction de certaines clauses du contrat de travail (clause de non-concurrence, clause de mobilité…).
[8] C. trav. art. L. 1235-1.

d'arrêter une décision unilatérale concernant la collectivité des salariés sauf si l'urgence le justifie[9].

L'intervention de plus en plus fréquente d'un « tiers de confiance » dans les relations collectives de travail permet la vérification du respect des droits des salariés : c'est le cas dans le cadre d'une procédure de licenciement collectif pour motif économique (plan de sauvegarde de l'emploi) ou d'un accord de rupture conventionnelle collective. De même, lorsque l'employeur élabore le règlement intérieur qui fonde les règles applicables en matière disciplinaire, l'inspecteur du travail vérifie son contenu. L'intervention de ces « tiers de confiance », si elle a vocation à assurer le respect des dispositions, notamment d'ordre public, et des droits des salariés, est également un procédé mis en place en contrepartie d'une confiance préalable faite aux parties à l'accord.

II. La promotion de la confiance dans l'accord en droit du travail

Les dernières réformes marquent un retour de la confiance dont la promotion est faite par l'accord en droit du travail, qu'il soit individuel (A) ou collectif (B).

A. L'ACCORD INDIVIDUEL

La rupture conventionnelle est sans doute l'accord individuel manifestant la confiance la plus marquée faite aux parties de ce mode de rupture amiable du contrat de travail. Même si un « tiers de confiance », à travers l'autorité administrative du travail[10], intervient pour homologuer la rupture, l'accord initial conduisant à cette rupture répond à une tout autre logique que celle du licenciement ou tout autre mode de rupture du contrat de travail. Le régime juridique de la rupture conventionnelle, précisé par la Chambre sociale de la Cour de cassation au fil des années depuis la création de ce dispositif par la loi du 25 juin 2008[11] marque bien la confiance qui est faite aux parties. À titre d'exemple, la situation d'un salarié déclaré inapte à la suite

[9] Auj., art. L. 2242-4, C. trav.
[10] DIRECCTE.
[11] Loi n° 2008-596 du 25 juin 2008 portant modernisation du marché du travail, JO 26 juin 2008.

d'un accident du travail n'interdit pas par principe la rupture conventionnelle[12] malgré le caractère d'ordre public des règles applicables en matière de licenciement consécutif à l'inaptitude constatée par le médecin du travail. Il en est de même d'une situation de harcèlement moral subie par le salarié[13].

Il va de soi que l'intégration dans le Code du travail de l'obligation de bonne foi, qui autrefois s'appliquait à travers les dispositions de l'ancien article 1134 du Code civil, à l'article L. 1222-1 du Code du travail, constitue, comme en droit des contrats, un principe destiné à préserver la confiance des parties.

B. L'ACCORD COLLECTIF

Le processus législatif en droit du travail, lui-même, marque sa confiance dans le dialogue social à travers l'article L. 1 du Code du travail[14], en intégrant le dialogue social dans l'élaboration de la norme.

C'est surtout, la primauté donnée à l'accord d'entreprise, qui marque la confiance dans les parties au dialogue social au niveau de l'entreprise malgré l'éloignement des salariés des organisations syndicales de la branche, en étendant la possibilité de conclure des accords d'entreprise dans les entreprises dépourvues de délégués syndicaux.

C'est également par l'accord que les règles de fonctionnement de la nouvelle instance représentative du personnel qu'est le comité social et économique remplaçant les délégués du personnel, le comité d'entreprise et le CHSCT, qu'une marque de confiance peut être relevée à l'égard de l'employeur et des représentants du personnel dans la définition du mode de fonctionnement de l'instance en autorisant la souplesse qu'un tel accord peut apporter.

Plus de confiance entre les parties semble pouvoir conduire à des règles impératives moins nombreuses en prévoyant un socle de règles supplétives en l'absence de dispositions conventionnelles.

---

[12] Cass. soc., 9 mai 2019, n° 17-28767.

[13] Cass. soc., 23 janvier 2019, n° 17-21550.

[14] Loi n° 2007-130 du 31 janvier 2007 de modernisation du dialogue social, JO 1er fév. 2007.

Sans doute est-ce là la marque du mouvement de balancier que l'on peut identifier en droit du travail au fil des réformes avec, à l'heure actuelle, un regain de confiance manifesté à l'égard des parties au dialogue social dans l'entreprise.